二一世紀の友に贈る
平和へのメッセージ

深谷松男［著］

キリスト新聞社

二一世紀の友に贈る平和へのメッセージ【目次】

目次

【凡例】

一　本書で引用する聖書の翻訳は、特に断りのない限り、『聖書　新共同訳』(日本聖書協会、一九八七年) による。

二　本文中の条文等の引用、巻末資料は、原文の仮名遣いによる (ただし、濁点を補う) が、漢字の字体は新字体とする。

三　左記の文献は、本文中の初出箇所を除き、以下の略称を用いる。

審議録：参議院事務局編『帝国憲法改正審議録――戦争放棄編』(新日本法規出版、一九五二年)

Q&A：自由民主党『日本国憲法改正草案　Q&A　増補版』(自由民主党憲法改正推進本部、二〇一三年)

古関新憲法：古関彰一『新憲法の誕生』(中公文庫、一九九五年)

古関日本国憲法：古関彰一『日本国憲法の誕生』(岩波現代文庫、二〇〇九年)

〈はじめに〉

救い主イエスがお生まれになったことを知らせた天使は、羊飼いたちにこう告げました。「恐れるな。わたしは、民全体に与えられる大きな喜びを告げる」[1]と。そして天使たちの合唱が天に響きました。「いと高きところには栄光、神にあれ、地には平和、御心に適《かな》う人にあれ」[2]と。しかしこの後、地上では、ヘロデ大王によるすさまじい大量の嬰児《えいじ》虐殺があった、と聖書は伝えています。[3]これが平和を願いつつも陥る人間世界の現実である、ということなのでしょうか。しかしなお、この天使の合唱を心魂に覚え、それに支えられずしては、私たちは平和を求めて進め得ません。私に平和論を書くことが許されているのか。不安を覚えつつも、恐れずに、「喜び」を与えられることを信じて進むことにします。

近年、わが国では、しばしば近隣諸国との間に国際的緊張関係が生じる中で、防衛力を高めるためとして集団的自衛権の名の下に安全保障法制の改定と軍備の強化が進められてきましたが、これは日本国の安全保持の方策のレベルのものであって、広く関係諸国との国際関係において平和を打ち立て保持していくことを目指す方策としてではありません。ましてや世界の平和を目指す次元のものではありません。第一、わが国の国是である憲法上の平和主義――それは後述のように、明確に世界の平和を目指すものです――とは全く乖離《かいり》しています。その乖離をそのままにする混線の中で、漠然と平和を論じても実りが少ないのは当然です。近時のウクライナ等での戦争を契機として平和問題への関心が高まってきているように思われますが、街頭でマイクを向けられてもこの混線のためか、平和への願いは大きくても、この問題を突き詰めて考えることはあまりなされていないように思われます。

もちろん、私とて世界平和の問題について十分に究めているわけではありません。ただ、私は、子どものころからいろいろと、戦争と平和について、ひいては社会の平和と自分の生きることとの平安について、考えさせられてきました。私だけでなく、概して私たち戦中世代は、小さいとはいえ、自分の戦争体験を踏まえて、根強く平和の問題を考えている人が多いことと思います。それは、これまで自分が生きてきた時代を振り返るとき、平和を考え、平和を訴えるのが世代的使命なのだと、強く覚えるからではないでしょうか。

言うまでもなく戦争と平和の問題といえば、昔から多くの先哲や思想家の広く深く究めたものがありますし、現在でも多くの関係分野の専門家の多様な論及が多く存在し、そして平和を追い求める国際的会議が繰り返し行われていますが、なお解決できずにいる問題です。ここで私がさらに一歩を進め深めたものを提供できるなどとは毛頭考えていません。

しかし、平和の問題は、広く人間社会をどう受け止め、そこにどうかかわっていくべきかを厳しく問われることに繋《つな》がり、従ってそれぞれの人生観・世界観とも深くかかわり、自分の生き方の根底にあるべきもの、まさに心の平安を問うことをも求めるのです。謙虚に己の心の底にあるものを見つめつつ、一人一人それぞれに平和を希求して、いかに小さくとも各自の平和論を述べる自由と責務があるのだと考えています。

このささやかな考察も、最後には神の前に立つ小さな存在の魂の平安の問題を問うに至りましょう。自分の九十余年の来し方を振り返りそれらのことを考えつつ、二一世紀に生きる子や孫の世代の人々に率直に語りかけたい思いで、この小論を少しずつ書き綴《つづ》ってきました。部分的にでもお読みいただければありがたく、平和の問題をご自分の生の根本にもかかわる問題としてお考えいただければ嬉しく、そのような願いを支えとして書き進めることに致します。

なお、改めて言うまでもなく、この小著は、「平和へのメッセージ」であって、平和に関するメッセージではありません。ご理解ください。

1．平和を祈り求めて

ここに「平和を祈り求めて」と書きました。世界各地に紛争、特に武力紛争の絶え間ない今日の国際情勢を見ても、私の生きている間に平和な世界の構築は到底実現しないでしょう。それが実現するとしても、次の若い世代の人々に期待するほかありません。高齢者の多くが次の時代に期待しつつ、祈っていることと思います。いや、心から祈っています。

もちろん、平和の問題は世代の如何《いかん》を問わず、考えなければならない問題です。平和をもたらすということは、平和を願う者、いや人たる者すべてが祈りつつ努めなければならないことだと考えています。右に述べたように、それは根本的には、自分の生を支える平安にも繋がることですから。

(1) 平和とは

平和とは何でしょうか。このことから考えてみましょう。平和とは、他国と戦争ないし紛争状態になっていないことだけなのでしょうか。それでは狭い認識ではないでしょうか。本書では、まず、平和とはどういう状態をいうのか、私たち各自が平和をどのように捉えているのかを省みつつ、検討することから始めたいと思います。

哲学者カントは、晩年、平和について深く思索し、名著『永遠平和のために』を遺しました。私が教えられた著作の一つです。その冒頭、彼は、「平和とは一切の敵意が終わることで、永遠のという形容詞を平和につけるのは、かえって疑念を起こさせる語の重複とも言える」[4]と語り出して、国と国との間に敵意そのものがなくなる状態としています。さらに、フランス啓蒙思想の集大成であり、フランス革命を準備したと言われる『百科全書』は、「平和 Paix」は、「一政治社会が享有する――国内では、その成員間によき秩序が支配することによって、国外では、互いによく和合しあって他の諸人民と共生することによって享有する――安寧である」と記しています。[5]これは、わずか二、三行の中に、国内と国外とを分けて、平和について言い尽くしていると言って過言ではない優れた一文です。これから平和につき考えていくのに確かな指針を与えてくれているとも言えます。平和とは、他国との関係においてだけでなく、国の内部においても人々の関係が平安であることとしており、そこでは良き秩序とは何かを追求する視点が明示され、他国との関係では、「他の諸人民と共生すること」に重点を置くべきことが示唆されています。いずれも、今後の考察にとって極めて大事な指摘です。

これを念頭に置きつつ、私たちの置かれている現状をその来し方を振り返りつつ見ると、どうでしょうか。

日本のこれまでの歴史における最後の戦争は太平洋戦争（アジア太平洋戦争とも言う）で、それは第二次世界大戦の一部でもありますが、これは日本の中国に対する侵略戦争に続くもので、それから数えるとおよそ一五年にわたったので、わが国では「十五年戦争」とも言われます。

私が物心付いたときは既にこの戦争に入っており、小学校六年の時に日本の敗戦をもって終わりました。その時、戦争の悲惨さと平和の貴さを、身をもって知ることができた私たち戦争体験の世代は、貴重な経験的認識を与えられた者たちだと言えるでしょう。敗戦までは、教育勅語（「教育ニ関スル勅語」明治二三年一〇月三〇日）をたたき込まれ、ただ天皇陛下のために、国のためにと愛国心が最高の美徳とされ、敵愾心《てきがいしん》をかき立てられる日々であったのが、新憲法の下での平和と民主主義の世の中になっていったのです。

私は東北の山村に住んでいましたから、すべてが焼かれる空襲や危険な逃避行は経験しませんでしたが、敗戦のあの年の秋には、村人は声高に話すようになり、生徒たちも先生を囲んで伸び伸びとおしゃべりするようになっていきました。何よりも、学校でのことにつき敗戦前の記憶は一面的でまた断片的ですが、あの年の秋から翌春の小学校卒業までの記憶はかなり細々と、楽しく思い出されるのです。そして、戦時中、上からたき込まれた敵国人に対する憎悪や差別的偏見も短期間のうちに子どもたちの頭から消えていきました。

戦時体制から脱却できた時に見ることができた人間と社会の姿には、平和とは何かを知る貴いものがありましたし、しかも、戦後の混乱の中で、平和とは戦争がないことだけではないことをも学んだのでした。戦中・戦後の悲痛や困窮の体験はさまざまに異なっていても、この平和についての体験的学習の記憶は、今日、平和を考えるのに極めて貴重なものと考えています。問題はどれだけ深く学び取っているかです。

(2) なぜ、銃で

ここに、心に深く留めるべき歌があります。

〝なぜ銃で兵士が人を撃つのかと
　子が問う何が起こるのか見よ〟（中川佐和子）

この歌を、私は大岡信著『折々のうた』で知りました。それによると、これは、作者が歌人として世に認められるようになった歌だそうです。[6] この歌に接したとき、私は強い問いかけを受け、深く心に残りました。そして、折に触れて、思い起こす歌です。

これを読んでお気づきになる人も多いかと思いますが、この歌が歌われた、まさに見たところの光景は、中国のあの天安門事件であります。一九八九年六月、民主化を求めて天安門広場を占拠してハンストやデモをする学生その他の民衆を排除するために戒厳令が発動され、軍隊が正面から発砲して多くの死傷者を出した事件です。テレビでそれを見た子どもが親に問うたのです。なぜ軍隊が自分の国の人々を銃で撃つのか、と。

およそ人たる者は、幼児でも知っているのです。人を殺してはならない。銃で撃ってはならない、ということを。大人はいつの間にか身についた世俗的知恵によりいろいろと理屈をつけて、それを肯定したり致します。しかし、子は真っすぐに問う。その子の人格形成の重要性を思うと、親は正面から答えなければならない。そして親は、一言、「何が起こるのか、見よ」と答えた。この歌人はこう答えるほかなかったのではありません。むしろ、積極的に「見よ」と答えたのです。

「今、このことから目を離してはならない」と、自分にも言い聞かせつつ答えたのでしょう。人の子の親としての重い応答です。どんなに目を覆う状況でも、このような時、つまり権力者が自分たちと異なる意見を主張する人々を弾圧しようと動くとき、その後に何が起こるのかをつぶさに見ていなければならない。「何が起こるのか」とはこの場面のひとときのことだけでなく、それに関連して引き続いて起こるさまざまのことから目を離してはならない。昨今、特にマスコミは移り気である。マスコミが取り上げなくなったからといって、事が終わっているのではない。例えば、二〇二二年、元首相である政治家が選挙演説中に射殺され、その犯人が犯行の動機として、かつて「統一教会」と称したいわゆるカルト的宗教団体との繋がりへの恨みを語り、被害者の属する政治団体が広く深くその教団とかかわっていたことが大きな政治的社会的関心事となりましたが、それに関する報道は途絶えがちです。しかし、何事でも、注意深く見続けていけば、事の真相が見えてくる。だから、「何が起こるのか、見よ」なのです。そして、かつて日本で、治安維持法の下に「国民精神総動員」との体制（国家総動員法）をもって進められたいわゆる十五年戦争の時代もそうでしたが、あれから八〇年余りを経た二〇一五年の秋には、特定秘密保護法や安全保障関連法制の制定を多くの国民の反対を押し切って進めた後に、「新・三本の矢」とか「一億総活躍」との掛け声を聞かされてきた今日も、このことを私たちに語り続けているのです。

しかも、問うのは子どもです。信頼する親に問うたのです。二〇世紀を生きた私たちの後に続く子や孫たちも問うのです。あの悲惨な戦争を、しかも、中国に対する侵略戦争が膠着《こうちゃく》して足を抜けなくなっていたのに、軍国主義政治指導者たちがさらに世界大の戦争を始めたとき、あなたは何を見ていたのか、と。さらに、戦後八〇年の日本と世界の軌跡の節目ごとに、あなたは何を見ていたのか。そしてまた、今もかつてと同じようなことが起こっていないか。平和憲法の下にあるのに、平和追求を歪《ゆが》め、阻害するいつか来た道が始まっていないか、と。これからの歴史にかかわる世代として、問うのです。

私たちの身の回りにもこのような問いを持つ子どもたちがたくさんいます。そう認識していなければなりません。私なども幼いとき、そういう問いを発したことがありました。

昭和一六（一九四二）年一二月八日の朝、私は国民学校（現在の小学校）二年生でした。始業前の早朝、校庭で遊んでいたとき、家にラジオのあるクラスメートの一人がやって来て、大きな声で言いました。「今朝からもっとでっかい戦争が始まったぞ。相手はアメリカとイタリアだ」と。私は、初めて聞く話にびっくりしながらも、「イタリアは同盟国だ。アメリカとイギリスだろう」と訂正しながら、さらに言いました。「これは負けるぞ。今だって大変なのに、なぜ、そんな戦争を始めたんだ」と。その友は、「そんなこと言ったら、罰を食うぞ」と言い、「いやもう大勝利なんだ。だから、必ず勝つ」と言い張りました。その夏、父親が中国戦線で戦死したもう一人の学友の悲しそうな顔も見ながら、私は納得できませんでしたが、その後、太平洋各地における個々の戦闘の勝利のニュースと先生や大人たちの話を度々聞いているうちに、私も次第に、「進め一億火の玉だ」との戦意昂揚《こうよう》の掛け声に包まれていったのです。しかし、「なぜ、こんな戦争を」と疑問に思い、ますます平和は遠ざかると感じたことは、鮮明な記憶として残りました。「王様は裸だ」とは、本当に子どもがよく知っているのだと思います。

ところが、最近の安倍政権下での安保関連法制制定を巡る論争では、他国と軍事的に協力する体勢を作る政策を根拠付けるために「積極的平和主義」[7]などその他いささか強引な論調で事を進めることがなされるようになっています。

ここでご理解いただきたいことがあります。私は現在の日本について、いわゆる政治論をする意図は全くありません。それらの論争に首を突っ込むことは、時には真の平和論の考究を歪め、あるいはそのための論述の真意を誤解される危険さえあります。しかし、いかに拙いながらも、日本と世界の将来のために、現在と将来の日本に生きる人々に平和につき語りかけようとするとき、日本の政治の状況に全く触れないわけにはいきません。政治に携わっている人々の発言や主張に触れるのは、そのためです。「積極的平和主義」という発言は、日本の国防のことをまず第一に考えない平和論は消極的なものだと貶《おとし》めるための若干思いつきの表現のようですが、このような言葉に振り回されてはなりません。

ともあれ、その筋立てや表現にはいろいろありますが、日本を取り巻く国際環境から見て国防問題に対応することが先決であり、平和憲法とか憲法解釈の限界とか言っておれない。今の国際情勢下で大事なことは、憲法論議よりも日本国の安全のために防衛を固めることで、政府が国家の安全や国防のためだと判断すれば、憲法解釈は閣議で変更できるとする強引な論法さえ、含んでいるのです。そして、そのようにして他国と共同防衛の軍事体制を組み立てることは、いわゆる抑止力の強化になるのだ、という意見です。しかしそれはまた、既に周囲の特定の国が敵国になる可能性が高いとの想定のもとに主張されているのであって、それこそ、それらの国々の日本に対する不信を増大させ、かえって危険を高めることへと繋がるので、国際関係論上の配慮を欠いたものとも言えましょう。それは平和を構築していこうとの姿勢から全く離れたものです。

国際的緊張の解決・緩和も考えているが、殺されないようにするために、まず、殺す力があることを誇示しようということの動きは、二度の世界大戦の前にも、日本をはじめ各国の間にあり、そして結局、大戦争に突入したのでした。

この動きはまた、殺すことのできる強力な武器を製造し販売することにも繋がっていきます。「なぜ銃で撃つのか」の問いは、「なぜ銃を作るのか」を問うています。それにもかかわらず、政府が武器輸出を大きく緩和し、あるいは武器輸出を外交戦略または国家的経済戦略として推進しようとの動きも見えます。そのような動きをしながら、他方で平和主義を揚言するのは、国際的に、また国民に対して欺瞞《ぎまん》ではないでしょうか。ところで、天安門事件は中国の国内の事件ですから、冒頭の歌から外国との戦争にまで議論を広げるのは、筋違いと感じる人もいるかと思います。しかし、そうではありません。そこで、次に、より肝心なことを申し上げなければなりません。

積極的平和主義という前述の発言やそれを巡る近時の政治的動向は平和論というよりも、銃や軍隊に依存する国の安全確保論であり、それは軍隊に守られて安全のように見えるかもしれませんが、同時に、国の内と外とに軍隊というものが作り出す危険を的確に感じ取っていないということです。

実は、銃や軍隊に依存する政策が、軍隊による安全よりも軍隊による内外への危険を大きくし、日本を破滅の淵に追い込んだのが、八〇年前の敗戦だったのです。軍による五・一五事件や二・二六事件などにより問答無用の政治の時代へと進み、満州や中国への軍部独走による戦火の拡大、それとともに戦争体制を憂慮して政府批判の発言をする人々への抑圧、さらに広く思想・良心及び学問の自由への弾圧、神格天皇制と国家神道をかざした宗教統制、そして外に国際連盟脱退、ナチス・ドイツとの提携と中国侵略の泥沼化、さらに国際的孤立化へと進み、内に治安維持法や国家総動員法などの強権的国民統制を重ねて、絶望的大戦へと突入したことを決して忘れてはなりません。なお、ここに挙げた出来事の他にも歴史の教訓として留意すべきことはたくさんありますが、あの敗戦までのおよそ二〇年間に起こったこれらのことについては、すぐ調べることができますので、これらの出来事とあの大戦との関連については、平和問題を考えるときの得難い知識として学んでおくべきものです。確かに、国民に銃を向けることは、わが国では今のところないにしても、軍備・軍隊を増強すること、その果ての戦争は、すべて、敵味方の双方の一般民衆を軍が大量に殺戮《さつりく》することになるのです。この歌が戦争と無関係とは言えません。

それゆえ、この歌を知ったとき、私は二つのことを同時に思い浮かべました。一つは、自由・平等あるいは正義や平和を求めて民衆が声を発するとき、時の政権がそれに対して力をもって押さえ込もうとすることがあるということです。そして、ついには軍事力を用いる。このように個々人の尊厳性と人権の貴さが無視され、力で踏みにじられるのは、前記のように日本でもあったことですし、他国のこととしても、これは見逃せない重大なことなのです。

そして二つ目に、その至り着くところは、戦争による一般民衆の大量殺戮です。第二次世界大戦は、大量破壊兵器の開発を伴い、爆撃その他により多数の非戦闘員を殺すことを当たり前にしてしまった戦争でした。イギリスとドイツの間で相互に相手の主要都市の爆撃が行われ、またわが国も中国の重慶に行ったいわゆる絨毯《じゅうたん》爆撃はまさにそれで、大戦末期には東京をはじめわが国のすべての大都市にもそれが行われました。そして、広島・長崎への原爆投下は人間殺傷の極みでした。

この原爆投下については、その責任は国際法的に問われるべきものながら清算されていませんが、その極度の非人間性のゆえに歴史は必ず人類にその責任を問うでしょう。原爆はその殺傷力・破壊力のゆえに、原爆保有国に対して、それを用いることを迫られるような戦争は避けるという一種の抑止効果をさえ持っているように見えますし、人もそう言います。しかし、人間の内なる悪魔性を考えると、この戦争抑止効果の過大評価は人類の破滅をもたらしかねない危険性を持っているのです。ともあれ、現代の戦争は、どんな場合であれ、戦闘員と非戦闘員とを区別することはありません。一度戦争となれば、アフガニスタン、イラク、シリア、ウクライナ、ガザ等を見るまでもなく、無告の犠牲者をあまりにも多く生み出すのです。

そしてこの二つのこと、国内における自由、人権や福祉の侵害と他国との国際紛争ないし戦争とは密接な関係があり、いわば盾の両面なのです。しばしば見ることですが、他国と緊迫した対立状態にあるときには、国内の自由な発言を、銃をもってしても押さえ込もうとします。あるいは、一見平穏に見える政治状況も、国民の自由や福祉等の人権が公正に保障されることを伴っていなければ、それは本当の「平和」ではない、ということでしょう。戦争がない、または戦争が自分たちの生活圏に及んできていないということだけで「平和だ」というのは、危険な幻想です。個人の尊厳と人権が何らかの形で侵されているにもかかわらず、それが平然と見過ごされているならば、物理的には安穏のように見えても、あるべき人間社会としては本物の平和ではないのです。

旧約聖書の中心的真理にかかわるものとして、「シャーローム」という重要な言葉があります。これは通常「平和」と訳されることが多いのですが、しかし、これは他国との対立抗争のない状態だけでなく、安寧・福祉をも意味します。この反対語は、戦争だけでなく、生活の安寧を乱し、人間の間の良好な関係を崩すすべてのことを含みます。新約聖書で平和を意味するものとして「エイレーネー」という語がありますが、これも同じです。冒頭に紹介した『百科全書』の平和論もこのような理解に立っていました。

このように考えてくると、平和とか戦争という問題については、諸国民の福祉とか人権という視角から考え抜くということを決しておろそかにしてはならないのです。そのことに日本国民が習熟してゆかなければ、真の平和追求は困難でしょう。

（3）憲法の平和主義と国民各自の平和への意志

ここで私たち日本人は、日本国憲法が、その前文の第一文で、「諸国民との協和による成果と、わが国全土にわたつて自由のもたらす恵沢を確保し」と宣言して、わが国の国家目的を明示していることを想起しなければなりません。この一節はまさに、平和と自由・人権・福祉とが相互に重要な結び付きをもつものとして確保されるべきことを示しています。わが国において平和について国民的討議が有意義に深まるためには、このことを心に留めるところから始めなければならないのだと信じます。

実は、私たちは、今日のような時代においてこそ、日本国憲法を、心を込めて注意深く読まなければなりません。その一字一句をも見逃さずに丁寧に読み、その根底にある考え方をしっかりと把握していなければなりません。その上で平和を目指す姿勢を国民の間に確立する。そこではじめて憲法改正なども論じ得ると理解すべきものなのです。

私たち一人一人の人生が懸かっているのです。自分と自分の家族の平和な生活が懸かっているのです。

自分の目で読み、自分の耳で聴き、自分の頭で考え、自分の心で正面から受け止めることが肝要です。その上で、自分の脚で立つのです。そのとき、決して、世の中はこのように動いているのだ、仕方がない、などと腰砕けしてしまうことはないでしょう。私は、二一世紀の友にこの一節だけでも聴いてほしい。その思いで書いています。

さてそこで、これから私の申し上げることは、大きく二段の組み立てになっています。それはこうです。

右に述べたような意味で国内的にも国際的にも平和である――つまりシャーロームである――ためには、一方で国家の基本的仕組みがその平和（シャーローム）を作り出し保持するのにふさわしいものでなければなりません。他方、政治の責任を負う者はもとより、国民一人一人がその基本的仕組みを的確に受け止め、自《おの》ずとそれを生かすことができるように、自らもそれに基づいて生きるのでなければなりません。つまり平和への意志です。この双方は密接にかかわりあっているので、国家の基本的仕組みの問題を論じるときに平和への意志の問題に触れることもありますし、その逆もありますが、大きくこの二つのテーマにつき、この順番で考察していきたいと考えています。実は、後者の国民一人一人の平和への意志の問題こそ肝心であり、そこでは人間として生きることの自分の根底を問われますから、それにつき論じ切ることは大変難しいのですが、大きくこの二段の組み立てにより、この順番で述べていくことにします。

なお、平和の問題ですから、一国の政治の基本的仕組みだけでなく、国家間の紛争に対する予防ないし解決のための国際的な協力の仕組みは、もちろん重要です。つまり、国際連合及びその他の国際的機構のことですが、私はそれにつき十分の知識を持っていませんので、必要に応じて触れますが、正面から論じることは傍らに置くことをご容赦ください。ただ、先にも触れましたが、日本が明確な平和憲法を保持し、それに基づいて国内外の政治が進められているということは、近隣の他国が日本を自国にとって危険な国家と見なし、またそれを揚言することを抑止する効果があるという意味で、日本の国際的安全に資するであろうことは、わきまえておくべきでしょう。

そこでまず、第一段の問題につき国家の基本的仕組みを定めるところの憲法にしばらく集中することにしましょう。まず、その前文を取り上げることにします。後述するように、幸いにも日本国憲法は平和国家建設を大目標として、それに向けてしっかりと組み立てられています。丁寧に学ぶことにします。

なお、後で取り上げる国民一人一人の平和への意志の問題も、この憲法をどう受け止めるかと密接に繋がりますから、憲法の正しい認識は後で述べる第二段の論述の前提でもあります。

2．憲法前文に学ぶ――戦争抑止と国民主権

(1) 憲法を読む

憲法のことを英語ではコンスティチューション（Constitution）と言い、ドイツ語ではフェアファッスング（Verfassung）と言いますが、これらはいずれも元々は仕組みとか構造という意味です。憲法はそれを翻訳した語です。「憲」も法と同様の意味の言葉ですから、明治初期には「国憲」などの文字が使われたこともありました。ともあれ、国家が前述のシャーロームにふさわしい一つの組織体として成り立つための基本法が憲法なのです。

実は、人がすべて等しく尊厳な存在である、つまり自由・平等の個人であるとする社会では、法とはみんなが平等の立場で参加して、それぞれの自由な意見を突き合わせて作る「約束」なのです。問題が起こったとき、前もって作ってあるその「約束」によって解決することは、結果的には互いに自己の意思に基づいて解決することになりますから、相互に自由平等を確保しつつ、問題を解決したことになります。このように国民みんなが自由・平等の立場で参加して作る――通常、国民の代表者による国会において で

すが――約束が法律であり、憲法はそのための基本法です。それゆえ、国会や政府は、この憲法の枠内で立法や行政を行うべきものとされるのであり、憲法は、国民各自も進んで守るべき基本法なのです。

このようなわけですから、私たちは憲法をしっかり読み、その意味を自分の頭で理解し、憲法につき他者が言うことを自分で評価し、また憲法に基づいて自分の言葉で発言できるようにしていなければなりません。そして、政権担当者の発言・政府機関の発表や政党の主張やマスコミの報道や識者の評言などを聞いたり読んだりするときには、傍らに憲法を置いて、それに照らして評価し、受け止めるようにしたいものです。とりわけ、戦争と平和につき論議が錯綜《さくそう》している今日、このことは極めて大事です。

「まず憲法を読もう」と声を大にして申し上げたいと思います。真の平和を追求しようとするとき、憲法はそれに向けて適正にできているかを考えつつ、一字一句に注意して読まなければなりません。国民が憲法の内容を正しく理解していなかったら、憲法の条項を歪めて解釈し、憲法違反ではないとする強弁が続くと、その声の大きさに押されて、うかうかと平和に反する方向に引きずられてしまうことは、十分起こり得るのです。ましてや憲法を丁寧に読むことをしないままに、政治家任せにし、あるいは自分の印象や好みによって選ぶ政党の発言に頼り、時にはX（旧ツイッター）の偏った書き込みに流されて、いつしかある偏った改憲論に引きずられてしまうとすれば、残念なことです。

そこで、しばらく憲法前文を読むことにしましょう。

憲法には最初に前文がありますが、最近この前文が軽く扱われていると感じられてなりません。具体的な憲法違反に関する訴訟に当たって、前文の文言が直接に裁判規範としての効力を持つとは認め難いとする解釈が一部の法実務家の間にあるためでしょうか。前文の説くところを丁寧に理解しようとする意識が、一般に乏しくなりがちと思われます。しかし、憲法につき根本的に改正すべしと主張しつつかなり歪んだ解釈をする政党があり、特に前文を全く別の文章に書き換えるという憲法改正案を発表しているのが、現時の第一党であるという今日、前文は丁寧に読まれ、正しく理解されなければなりません。

憲法前文はなぜ大事か。これが軽く扱われ、また書き換えによってそれがなかったことにされてはなぜいけないか。その理由は、前文の内容が、その文章そのものが明快に私たちに語ります。ぜひ読んでください。

(2) 前文の概要

前文は、まず第一に、なぜこの憲法を制定したかの理由ないし歴史的意義を明らかにし、この憲法を定めるのは他ならぬ日本国民であることを宣言し、憲法のよって立つ基本原理は何かを明示しています。従ってまた、憲法各条の正しい解釈の規準ないし指針を示すものです。ですから、本文各条の文言の字句解釈だけでは、憲法の本当の理解には至り得ません。その意味で、憲法前文がどういうことを言っているかをしっかり把握することが、基本的に大事なのです。

そして、これらのことを国内においてだけでなく、国際社会においても高く掲げて、政府は平和外交を推進し、国民は内外に平和な友人関係を作るように努める。このような日常的取り組みが肝心なのです。

第二に、前文第二段落は、わが国は平和的手段による平和国家として立つとの基本姿勢を内外に示し、しかもそれを、全世界の人々が平和的生存権を有することの確認の上に宣言しています。平和問題を考え論じるとき、この段落で述べられていることが、日本国民にとってはもとより、世界的にも基本になるべき極めて重要な箇所です。

第三に、最後の段落で、「国家の名誉にかけ」てこの憲法の理想と目的を達成するとの日本国民である者の誓いを宣言しています。戦前戦中の苦しみを味わった人々と共に、私たちはこの誓いを立てているのです。

この誓いに照らしても、憲法を巡る国民的論議が起こるときには、まず前文がしっかり読まれなければならないことが分かるでしょう。また特に自覚してほしいのは、この最後の段落は、前文の内容にかかわる憲法の基本的条項を崩すような変更はしないとの姿勢を鮮明にしているものでもあることです。

(3) 前文第一段落第一文

日本国民は、正当に選挙された国会における代表者を通じて行動し、われらとわれらの子孫のために、諸国民との協和による成果と、わが国全土にわたつて自由のもたらす恵沢を確保し、政府の行為によつて再び戦争の惨禍が起ることのないやうにすることを決意し、ここに主権が国民に存することを宣言し、この憲法を確定する。

ここには、現今ますます注目されなければならない極めて大事なことが述べられています。それは憲法制定の動機ないし目的について、この憲法を定めたのは、「政府の行為によつて再び戦争の惨禍が起ることのないやうにすることを決意」したからであるとあることです。

この憲法によって日本国民は、国民と政府の関係につき基本的約束をしている。何を、何ゆえに約束したかというと、今後とも「政府の行為」によって戦争が起こらないようにするためであるという。

政治指導者はやはり一個の人間です。よいと思っても歪んだ判断であったり、さらにその自分または自分たちの党派だけの主義主張に固執しがちです。しかもそれらがいろいろにからまり合うと、戦争に巻き込まれる危険な方向に政治の道筋を歪めることが、起こり得るのです。その結果、国民は、政府の行為によっていつの間にか戦争へと引きずられていく。このようなことは、歴史上しばしばありました。かつての十五年戦争はその最たるものでした。天皇の統帥《とうすい》権を盾にごり押しした軍部の暴走に引きずられたのに始まったのであるとしても、要するに、「政府」の行為によって進められたものでした。「東洋永遠平和のために」[8]とか「大東亜共栄圏」[9]等の政府の唱える美名に酔った国民は、悲しくも不明でした。

しかも、ここでは、「戦争の惨禍を被ることのないやうに」ではなく、「戦争の惨禍が起ることのないやうに」と言っています。この違いに年配の人も、そして若い人たちならなお一層注意を集中して受け止めてほしいのです。この憲法には注意すべき表現がたくさんありますが、この「被る」ではなく「起る」とあることも、私たち日本人としては、本当に大切な注目すべき表現なのです。

ここにいう「戦争の惨禍」は、日本国民全体が一人一人その心身に深く受けたあの悲痛な苦悩にとどまりません。それだけなら、「惨禍を被る」でよいでしょうが、「戦争の惨禍が起ることのないやうに」と言っているのです。これは当然ながら、あの戦争によって私たち日本が受けた惨禍だけでなく、私たちの日本が他国の人々に与えた苦しみ、彼らの戦争の惨禍をも含んでいるのです。

他国とは、あの時の直接の敵国だけではありません。日本に正面から敵対していなかった国と地域の人々にも多大な損害を与えたのです。第二次世界大戦のうち日本が起こしたアジア太平洋戦争の惨禍の詳細はまだその多くのことが判然としないままのようですが、その死者だけでもおおよそ一八〇〇万人（中国だけで一三〇〇万人）と言われています。そのうち、日本人の死者総数（戦場で戦死または餓死した者だけでなく、沖縄のように民間人で戦争に巻き込まれた人、空襲で亡くなった人、満州その他で亡くなった人たちを含む）は約三一〇万人と言われますから、日本以外のアジア太平洋地域の人々は日本の死者の五、六倍もの人が犠牲になったのです。しかもこれは、あの戦争によって悔しさと絶望のうちに死んだ人たちの数ですが、直接の戦火で死んだのではないとしても、何十倍もの無数の人々が戦火による負傷と病に苦しみ、家族を失う悲しみに遭い、貧困の極みに追いやられ、悲痛、憤怒、苦悩あるいは絶望の果てに死に追いやられたりしているのです。

そのような国内外に及ぼす「戦争の惨禍が起ることのないやうにすることを決意」するというのです。この惨禍を被った地域の人々に対してはもちろん、世界に向けてそう確言しているのです。

繰り返しますが、十五年戦争＝太平洋戦争を引き起こし、それを通して他国の人々にいかに悲惨な苦しみを与えたか。自分たちが被ったことだけを考えて平和主義を掲げているなら、それは何の威力もありません。当時の日本国民とその子孫にのみならず、他国の人々にもいかに大きな惨禍を与えたかの痛切な悔い改めなしに、平和は語り得ないのです。ですから、この決意は、現在及び将来の日本国民が、自らに向けて確認すべきものであるにとどまらず、人類の歴史の続く限り、全世界の人々に語り続けるべき責務を負うとの決意です。

それゆえ、ここで「戦争の惨禍が起ることのないやうにすることを決意」するとは、私たち日本国と日本人にとって戦争のない安全な状態を作るという決意ではないのです。戦争のない平和な世界を作るという決意であり、その意味での徹底した平和主義への決意なのです。それは前文第二段でさらに明確になります。

（4）国民主権

さてその上で、ここで、最も重要なことに目を留めなければなりません。それは、この第一文で、日本国の「主権が国民に存することを宣言し」ていることです。またそれゆえに、第一文は、「日本国民は、……この憲法を確定する」と結ばれていることです。

憲法の冒頭において、「日本国民は」と始まるこの第一文は、かつての大日本帝国憲法が、古事記や日本書紀の天孫降臨や初代神武天皇等の神話に基づき天皇がその祖宗から受けたとされた統治の大権に基づいて発布され、そのような神格天皇制の政治機構がいわゆる「国体」として揺るがざるものとされていたのを否定し、抜本的に変革して、国民主権こそが憲法の第一の基本原則であることを内外に宣言しているのです。

天皇主権をもくろみ、またはかつて天皇の名によってなされたもの——例えば教育勅語や靖国神社——を特別に尊重するなどの政治的工作によって国民主権の意義が曖昧にされることのないように、憲法はさらにその第一条において、国民主権と天皇の地位との関係を天皇「の地位は、主権の存する日本国民の総意に基く」と規定して、明確にしています。

実は、憲法が第一章を「天皇」としているのは、新憲法の制定が大日本帝国憲法の改正という手続きと体裁を取ったためで、――このことについては、また後で述べますが――旧憲法の第一章が「天皇」となっていたからにすぎません。むしろ、その第一条が「大日本帝国ハ万世一系ノ天皇之《これ》ヲ統治ス」となっていたのを改めて、統治権よりももっと明確に近代憲法の主座に置かれるべき主権を前面に出し、それが国民にあることを明確にすることこそ、新憲法が最も強調したかったことのひとつで、天皇の地位はその主権者である国民の総意に基づくこと、つまり国民が認める限りでその地位を保つことができることを明記したのです。

そしてこの国民主権の宣言を受けて、さらに前文第二文は、「国政は、国民の厳粛な信託によるものであつて、その権威は国民に由来し、その権力は国民の代表者がこれを行使し、その福利は国民がこれを享受する」と明記して、「人民の、人民による、人民のための政治」という民主主義の普遍的原理を掲げ、「この憲法は、かかる原理に基くものである」として、憲法の基本原理を明らかにし、「これに反する一切の憲法、法令及び詔勅を排除する」と、第一段落を結んでいます。

前文第一文の中で次に重要なことは、前述したように、「諸国民との協和による成果と、わが国全土にわたつて自由のもたらす恵沢を確保し」とあることです。「平和」にかかわるこの意味については既に述べましたが、この一節はまた、国民主権に次いで平和主義と基本的人権の尊重が国民の享受する根本的福利であり、前記のように、憲法の基本原理として不可欠であることを示しています。

なお、ここで一つ注意していただきたいのは、「自由のもたらす恵沢」とあるのは自由権その他「基本的人権」のもたらす恵沢ということであって、前文が基本的人権を憲法の基本原理の一つとしていることは明確です。前文に憲法の基本原理の一つとして基本的人権が掲げられていないという意見がありますが、あまりにも稚拙な、または為《ため》にする誤解というべきでしょう。ともあれ、国民主権、基本的人権及び平和主義の三つが憲法の基本原理であることは前文が明らかに示しております。この基本原理とこれら三者の関係については、また後で述べる機会がありましょう。ここでは次のことを指摘するにとどめます。

第一文の書き出しの「日本国民は」が重い響きをもっていることは、それに続く内容の重要性のゆえに理解できましょう。実は、憲法中には他にも「日本国民」の語が出てくるところがあります。前文中のものは別にして、第九条と第九七条に「日本国民」の語が出てきます。前者は戦争の放棄の条文で、後者は基本的人権の本質を説き、憲法が最高法規であることを根拠付ける規定です――なお第一〇条はその内容から「日本国民」の語を用いるのは当然です――。このことは、日本国民にとって、国民主権と基本的人権と平和主義とは、そのいずれかが欠けるならば日本国憲法が成り立たないほどに重要な基本的原理であり、憲法の主柱であることを自ずと示しているとも言えましょう。

ですから、国民は主権者として、自らの基本的人権のため、また国ならびに世界の平和のために、政府を見張ることが求められています。戦争を引き起こすかもしれない危険な行為または結果的に戦争に繋がっていく可能性の高い政策を思いとどまらせ、また平和外交を積極的に展開して武力衝突を常に未然に防止するように、政府を見張り、批判し、あるいは督励する声を上げることが求められているのです。

また、第一文の始めに「国会における代表者を通じて行動し」とあるように、国会議員こそがこの責務を負っていることを覚えて、国会議員一人一人の発言とその議会活動に注目し、それを批判し、またそれを支えるべきです。

実に、国民主権であってこそ戦争を抑止し平和を追求できるのであり、また平和であってこそ国民主権を保持できるのです。両者は不可分です。

与謝野晶子の「君死にたまふことなかれ[10]」の詩にあるように、そしてかの大戦のとき誰もが気づいたように、戦争となったとき、国の政治や産業の指導者は前線に出て命を的に戦うことはなく、また戦火に対しても絶対に安全な所に避けて、兵士と国民に戦うことを命じるのです。

戦争によって生命や家族を失うのは、一般民衆なのです。国民主権を堅持して、その自由な戦争反対の声が政治を動かす仕組みになっていなければ、平和を確保することはできないのです。

3. 憲法前文の平和主義

憲法前文第二段落は、日本国民が平和につき考え、行動するときの共通の基盤です。実は、言うまでもないことですが、平和の問題を考えるということには、日本という国家の一員として考えるという面と、一個の人間として考えるという面とがあります。両者とも必要不可欠ですが、日本という国家の一員として考えるというときには、共通の基盤としての日本国憲法につき考察することから始めることになります。国家をも超えて、この地上に生を受けた一個の人間として考えるということについては、心の平安にもかかわる問題として、追って考察することになりましょう。

それでは、憲法前文第二段落を熟読しましょう。

日本国民は、恒久の平和を念願し、人間相互の関係を支配する崇高な理想を深く自覚するのであつて、平和を愛する諸国民の公正と信義に信頼して、われらの安全と生存を保持しようと決意した。われらは、平和を維持し、専制と隷従、圧迫と偏狭を地上から永遠に除去しようと努めてゐる国際社会において、名誉ある地位を占めたいと思ふ。われらは、全世界の国民が、ひとしく恐怖と欠乏から免かれ、平和のうちに生存する権利を有することを確認する。

（1）私は、平和問題については、憲法、とりわけその前文を読み、その意味するところを味わうことを、今の日本で最も大事なことと考えてこの執筆を進めていますが、この段落に入るにつき、特にそのことを申し上げなければなりません。憲法の文章の意味するところを、その字面だけを観念的に受け止めるのではなく、人間とその社会の真実を見抜くようにして、さらに自分の生き方の根幹にかかわることとして掘り下げて考えつつ理解する。日本国民に、いや日本国民だけでなく広く人間社会に、またその将来に、この憲法は何を語りかけようとしているのかを考えつつ読むのです。

平和の問題になると、国の防衛の現実的方策のみが重大視され、一部の政治勢力は第九条が時代遅れの非現実的なものと批判し、それればかりが論じられています。その人々には、第九条はもとより、憲法全体の基盤になっているこの前文の平和主義は、十分に理解されないままほとんど忘却され、いや無視されているのではないでしょうか。

しかし、右に挙げた前文第二段落は、単なる作文ではありません。これには歴史が裏打ちされているのです。先に指摘したように、憲法前文の初めに「戦争の惨禍」が取り上げられています。日本国民を絶望的なまでに苛酷な精神的物質的困窮に陥れたあの戦争の歴史を軽んじることは、私たちには許されていません。その歴史が私たちに憲法を真剣に読むことを迫っているのです。

しかも、この第二段落では、徹底した平和主義に立つことを国民的誓約として世界の人々に対して言明しています。これをどのように受け止めているかを、私たちは世界の人々と次の世代の国民から見つめられ、問われているのです。自分に問いつつ、誠実に読まなければならないでしょう。

憲法の平和論を理解するには、平和について人類が生み出した古今の平和思想を究め、それをしっかり踏まえて憲法を理解することが大切でしょう。このことについては、宮田光雄著『平和思想史研究』(創文社、二〇〇六年)という名著がありますので、私はそれに委ねることに致します。また、日本を取り巻く現在の国際政治的状況の具体的問題につき、憲法の平和論を踏まえてどう考えるべきかの考察も大切でしょう。これについては後で少し触れるつもりですが、しかし、私は今、憲法の平和主義の前文及び規定が丁寧に読まれていないのではないか、ということを最も案じています。もちろん皆さんの中には憲法に関心を持ち、座右に置いて折に触れ読んでおられる方がかなり多いと思いますが、国民一人一人が憲法の平和主義をよく読んでいなければ、平和主義の宣言が国民の間に本当に根を下ろしてそれが政治に反映され、あるいは政治を動かすということがないままに終始することになります。つまり、平和の問題となると、現実の国際情勢の一時的な変動に一喜一憂しつつ、憲法の平和主義を踏まえないままに、国防のありきたりの手立てを議論することに終始するだけになってしまいます。

（2）前文第二段落の第一文は、他国との関係をどうするかについての基本的姿勢を明らかにしています。しかもそれは、日本国民の安全と生存の保持をそれに懸けるという、決定的な重みを持った基本的姿勢です。

二一世紀の今日も、大国の軍事介入により国内紛争が一層増大し、国民の安全と生存の保持に懸命になっている国々の人々は、この「安全と生存の保持」という言葉の重みを実感しているはずです。憲法公布時にまだ中学一年生であった私にも、憲法の持つこの言葉の重み、それゆえまたこの第一文の重みを実感できたのでした。この実感を持てたことをありがたい経験と思うとともに、憲法が日本国民すべてに語りかけるこの前文第二段落第一文の重みを知ってほしいと願っています。

憲法は語ります。日本国民は「諸国民の公正と信義に信頼して、われらの安全と生存を保持しようと決意し」ているのだ、と。読み間違ってはいけません。これは決していわゆる他者依存・「あなた任せ」の姿勢ではありません。「公正と信義への信頼」こそ、他者を動かし、その態度を正す最も力あるものであることを踏まえているのであり、その意味で勇気ある行動の源であることを知っている言葉なのです。そして、この上に立って、知恵を尽くして他国との国際関係を「諸国民」の間で、つまり二国間だけでなく世界的規模で構築し、展開することを基本姿勢とするというのです。

もとより、国家は一つの権力機構です。従って、権力を握る者がそれらの国家の中でいかなる位置に立っているか、特に国民との関係において公正な関係に立っているかということも、ここにいう「公正」に含まれることは言うまでもありません。一党独裁的政治形態は、国民が容認しているように見えるときでも、決して「公正」ではないことを、特にここで指摘しておきます。そのようなことに目をつぶったままで、他国に自国の主張を押し付け、または他国の言いなりになることは、決して公正ではなく、また公正への信頼ではありません。

実は、何がここにいう「公正」かについては、前記第一文に続く第二文に示されています。すなわち、「われらは、平和を維持し、専制と隷従、圧迫と偏狭を地上から永遠に除去しようと努めてゐる国際社会において、名誉ある地位を占めたいと思ふ」とあることです。ここにいう「平和の維持」は、戦争はもとより自国の主張を通すために武力を行使しまたは威嚇することも排除するものですが、さらに、専制と隷従を除去するとは、国の政治権力者たちが国民の人権を無視して専制的に権力を行使し、国民が人権を主張することもできないとか、また、権力者たちが、人権を主張する者たちを引きずりおろして自らに隷従させるなどということがあってはならないことを示しています。そのような権力者を放置する国家は他国に対しても圧迫と偏狭を剝《む》き出しにするものです。このようなことを排除しようとする意志と姿勢を「公正」というのです。その意味で、「公正」の規準とされるべきものを集約的に言えば、自国の国民についてはもとより、他国の国民についても、その基本的人権を尊重することであると言い切ってよいと思います。世界人権宣言、二つの国際人権規約（「経済的、社会的及び文化的権利に関する国際規約」と「市民的及び政治的権利に関する国際規約」）その他国連において採択された各種の権利条約等を尊重し合う国際関係を構築しようとする姿勢は、ここにいう公正に当たるでしょう。

「諸国民の信義に信頼する」ということも、前述のように「あなた任せ」の他者依存ではありません。公正を期待し信義とか信頼を求めるということは相互関係ですから、相互信頼を追求する姿勢が大切です。つまり、こちらも公正と信義を尽くすことに努めることが、相手をして公正たらしめ、信義ある態度を取らしめることに繋がることは、国家間においても支配するべき厳粛な真理です。

（3）いわゆる「村山談話」の持つ意義はここにあります。「村山談話」とは、一九九五年八月一五日、当時の村山内閣が閣議決定し、村山富市首相[11]が記者会見で発表した「村山内閣総理大臣談話『戦後五〇周年の終戦記念日にあたって』」のことで、これは前文に続き、「平和と繁栄を築いた日本国民への敬意と諸外国への感謝」、「平和友好交流事業の展開と戦後処理問題への対応」、「植民地支配と侵略への謝罪」、「核兵器廃絶など国際的軍縮の推進」を述べたものです。特に第三部分は「植民地支配と侵略によって、多くの国々、とりわけアジア諸国の人々に対して多大の損害と苦痛を与えました」と日本国政府として公式に認め、「痛切な反省の意を表し、心からのお詫びの気持ち」を表明して、いわゆる歴史認識を明らかにしています。これはその後歴代の内閣に引き継がれ、日本の戦争責任を認める信義ある態度と平和への決意を明確にした政府公式見解とされています。[12]

このように、日本がかつて侵略行為をもって他国民に苦痛を与えたことを率直に認めることは、一部の人たちが喧伝《けんでん》するように、日本人の民族としての誇りを自ら失うことでは決してありません。このような歴史認識と平和への決意を表明することこそ国際的信義を尽くすことであって、このような地平に立つことなくして、真に誇りをもって国際平和の歴史を形成する取り組みを進めることはできないのです。

ちなみに、首相その他政府関係者あるいは国民を代表する国会議員たちの靖国神社公式参拝が問題になるのも、このことにかかわります。もとより信教の自由は認められるべきですから、自己の信仰に基づき、全くの一私人として私的な時間に私費・私服での参拝の自由はありますが、いわゆる公式参拝は、そこにA級戦犯が合祀《ごうし》されているからというだけでなく、靖国神社が国民の戦争遂行意識高揚のためのものであったことからも問題であることが考慮されるべきでしょう。

改めて申しますが、憎しみは憎しみを生みます。世界に広がるテロが巻き起こす憎しみの連鎖は、今、私たちに大切なことを気づかせてくれます。すなわち、憎しみの連鎖に勝って、より大きな力をもって、公正と信義への信頼が公正と信義を生み出すということを。このことを知っている、いや信じていることが国際平和への取り組みを根底から支えるのです。

このように考えてくると、この第二段落に記されていることについては、日本は近隣諸国をはじめ他国に積極的に働きかけ、公正と信義の国際関係を構築する努力をし続けなければならないことを考えさせられます。そのことにこそ、この基本的姿勢によって立つことを世界に明言している日本国民とその政府が、知恵と労苦を尽くすべき責務を負っているのです。この第二段落第一文の始めに、「日本国民は、恒久の平和を念願し、人間相互の関係を支配する崇高な理想を深く自覚する」とあるのは、他者依存ではない自主自立の精神で平和構築を目指す姿勢であることを示しています。そのことは、これに続く第二文の末尾に「国際社会において、名誉ある地位を占めたいと思ふ」とあることにも、見ることができます。

（4）加えて注目すべきは、前文の第三段落です。それは、日本の平和主義を宣言するところからさらに一歩前に出て、世界の国々すべてが他国との関係において取るべき基本的姿勢につき語ります。すなわち、「いづれの国家も、自国のことのみに専念して他国を無視してはならない」こと、これは普遍的な政治道徳の法則であって、「この法則に従ふことは、自国の主権を維持し、他国と対等関係に立たうとする各国の責務である」と言い切っています。

これは重要な宣言です。これには、まず、欧米諸国がアジア・アフリカに侵出して植民地化したのに倣って日本がかつて近隣諸国を侵略したときのように、自国のことのみに専念して他国を無視することはしない。この政治道徳の法則を守る責務を果たして、日本の国の主権を保持し、世界各国と対等の関係に立つのであるとの自省と決意が含まれています。

それとともに、この政治道徳に基づく各国の責務の宣言は、第二次大戦後の世界秩序形成が大戦の勝利者である連合国側の論理だけで進められるならば、日本は平和主義を徹底できないとの見地から、世界の平和のためには、勝者も敗者もなく等しく守るべき世界秩序原理として強く宣言するとの意味も持っている、と私たちは認識すべきです。さらに言えば、この宣言は、国際連合の現時の秩序をも越えるものを含んでいるのであって、かつての連合国のいわゆる大国が自国の利益だけを考えて安保理事会において拒否権を発動することを明確に批判するものであり、前段の「公正と信義」を受け継いでいると見ることができます。

このような言明をもって、私たちの日本は、自らの主権を保持し、すべての国と対等の関係に立つこと、また国家としての誇りを持って、新たな平和的な世界秩序の形成に参加することを宣言しているのです。そして、前文の結びは、「日本国民は、国家の名誉にかけ、全力をあげてこの崇高な理想と目的を達成することを誓ふ」となっています。これは前文全体の結びですが、第二、第三段落につき特に意義ある結びというべきでしょう。

この箇所で、最後に次のことに触れなければならないのは悲しくも残念なことですが、一言述べておきます。それは、前記の「平和を愛する諸国民の公正と信義に信頼して、われらの安全と生存を保持しようと決意した」につき、わが国の現時の第一党である自由民主党（以下、「自民党」と表記）がその憲法改正案の解説において、「これは、ユートピア的発想による自衛権の放棄にほかなりません」と切り捨て、そのことを憲法前文の全面書き改めをする理由に挙げていることです。[13] この発言が根本的に誤った認識に基づくものであり、日本と世界の将来を危うくする発言であることは、前述のことで自ずと明らかでしょう。日本の政治がどのような状況になろうとも、これは繰り返し明確に否定されなければなりません。

4．平和のうちに生存する権利について

ここでさらに掘り下げて考え、受け止めなければならないことがあります。それは、3に述べたような平和主義の宣言、特に平和的世界秩序の形成につき国々の責務にも及ぶ宣言をその根底にあって支えるものとして、日本国民一人一人の人間としての生きざまの根本にかかわる基本的人権が、前文に掲げられていることです。第二段落末尾に、「われらは、全世界の国民が、ひとしく恐怖と欠乏から免かれ、平和のうちに生存する権利を有することを確認する」とあるのが、それです。

これは、平和が実際的直接的には国家間のことですので「国民が」とありますが、「全世界の国民」とありますから、この権利は「人間たるものすべて」が有すべき権利であることを意味しています。基本的人権です。

「ひとしく恐怖と欠乏から免かれ」とありますが、「恐怖」とは、戦争による死の恐怖、人を殺さなければならない恐怖、家族を失い、愛情を押しつぶされる恐怖のみならず、自分の自由な生き方のすべてを破壊される恐怖であり、「欠乏」とは人間としての生活の基盤を奪われることであって、自由権と生存権の侵害です。戦争となれば、当事国の

国民は双方とも恐怖と欠乏にさらされるのを逃れることはできません。いや、当事国だけでなく近隣の国の人々も危険に巻き込まれるのであり、さらに核戦争となれば世界の全人類がそれらの危険にさらされます。要するに、自由権といい、生存権といっても、戦争になればそれらは吹っ飛んでしまうのです。

長い歴史の中で、自由権と生存権を勝ち取ってきた人類は、二度の世界大戦を経験して、戦争は徹底して自由権と生存権を破壊することを知ったのです。とりわけ、最初の被爆国として、恐怖と欠乏のどん底を見た日本国民は、世界のすべての人々に先駆けて、「平和のうちに生存する権利」・平和的生存権こそ不可欠の基本的人権であると認識し、これこそ国家としての平和主義の根底にあるべきものであることを、ここに宣言するに至ったのです。

もっとも、これには先行する国際的宣言がありました。太平洋戦争勃発の四カ月前、一九四一年八月に発表されたいわゆる大西洋憲章にこれの萌芽が出ていたのです。これは、ナチス・ドイツの侵略に対するヨーロッパにおける大戦後の平和回復のための基本原則を宣言したもので、アメリカのルーズヴェルト大統領[14]とイギリスのチャーチル首相[15]とが大西洋の軍艦上で協議し発表したものです。それで、大西洋憲章と呼ばれていますが、その中に、ナチスの暴虐を破壊したのち、全人類が恐怖と欠乏から解放されるようになることを希望するということが述べられていました。ただし、そこでは「希望する」となっていました。[16] それに対して、日本国憲法は、世界の人間すべてが現在において既に平和的生存権を有することを「確認する」と、もう一段グレードアップした仕方で、強く明確に示したのです。

しかも、先に述べたところからも明らかなように、平和のうちに生存する権利とは、国際的国内的に戦争がない状態だけではありません。これまで繰り返し述べたように、専制政治的圧制の下に置かれている一般人民も、食料や生活物資を欠き、しかも社会的国際的協力支援を欠いている飢餓難民も、平和的生存権を奪われているのであって、それらの人々の解放と救援を国際的連帯をもって進めることは、すべての国民の平和的生存権を確認している日本国憲法の基本精神である、と言えましょう。

こう見てくるとお気づきと思いますが、「平和のうちに生存する権利」とは、何かある観念的思考の産物ではありません。人類は、イギリスの二度の革命の後、一八世紀後半から一九世紀にかけて、アメリカ独立革命、フランス革命その他の革命を経て、自由権を確立しました。一九世紀から二〇世紀にかけては、生存権獲得の戦いがあり、第一次世界大戦後のドイツ・ワイマール憲法に「人間に値する生存」の権利[17]という表現で生存権が確認され、世界の憲法で広く保障されるようになりました。そして、この「平和のうちに生存する権利」は、右に述べたように、第二次大戦の血と涙の結晶のごとく、日本国憲法を通して世界に登場した、まさに人類の歴史的産物なのです。目先の国防論のみ先行して、この人権を軽々しく扱うことは、人類史から見ても許されません。

もっとも、このように強調しますと、「だけど、その平和的生存権は、憲法の前文に書いてあるだけで、具体的な人権保障規定により保障されていない」との批判があるかもしれません。しかし、前文に明記されていることは、憲法が基本的原理として宣言していることであり、また、本文各条文の解釈指針として尊重すべきものであることは、前にも述べました。「平和のうちに生存する権利」を単なる理想論として棚上げしてしまうことはできません。憲法第一三条に「最大の尊重を必要とする」として掲げられている「生命、自由及び幸福追求に対する国民の権利」の中に前文を受ける仕方で「平和のうちに生存する権利」が含まれていると理解することができます。

それにしても大事なことは、平和主義は憲法の基本原理であり、これを除くような憲法改正は許されないということです。憲法の平和主義は、時の政権政党が推進し、その時の国民の多数が容認するならば、これと異なる選択も許されるようなレベルの課題ではないからであり、国家としての日本国の成り立ちの根底にあるものであり、また、人間としての国民各人、いや世界の人々すべての基本的人権である平和的生存権によって基礎づけられている原則だからです。

なお、憲法が掲げる平和主義を「国家の名誉にかけ、全力をあげて……達成する」（前文第四段落）ために、憲法自らいくつかの基本的な定めを置いています。

最も具体的に平和主義の原則と直結するものとしては第九条があり、これについては次に論じますが、第九条以外にも平和主義を貫くための諸規定があります。

まず、前文第一段落と第一条に明記されている国民主権が平和主義と密接な関係にあることは既に述べましたが、憲法第一一条以下の基本的人権の諸規定も、第一三条は右に述べたように不可欠ですし、その他の基本的人権の規定も平和主義を実現するための制度を定めるものということができます。本書で最初に「平和」の意味について述べましたように、自由や福祉の人権を守っているという国内的平和が国際的平和と一体のものとして追求されてこそ、真の平和だからです。

同様に、平和主義にとって独裁的政権こそ危険ですから、立法権、行政権及び司法権の三権の分立とそれらの相互抑制を定める第四章「国会」、第五章「内閣」及び第六章「司法」の諸規定も、適正に解釈運用されることが平和主義を貫くために極めて大切です。特に、わが国の三権分立制度は議院内閣制を併用しているので、選挙により与党が絶対多数を占めるようになると、立法権・行政権が内閣に一元化されやすく、内閣中枢の外交や国防の考え方や姿勢如何により平和への危険が高まります。特に、国の各界各層の中に思想良心の自由や表現の自由が確保されていなければ、国民の議会ないし政府批判の力が強まりませんし、ジャーナリズムが健全性を失い、司法権が正しく行使されていなければ、ある種の専制政治に堕する危険が高まり、それは平和への危険となります。裁判所は平和主義の最後のとりでですから、国民は裁判所、特に最高裁判所の裁判を見張っていなければなりません。最高裁判決が憲法解釈として問題があると考えるときは、国民は誰でも機会を求めて批判し続けなければなりません。それこそが、思想信条の自由権・表現の自由権を有する国民の特権であり、責務なのです。

次に、右に述べた平和主義に対する独裁的政治の危険を防止するという観点から考えるとき、憲法第一条が明確に規定する象徴天皇制の真意も、ここで認識しておきたいものです。戦前の憲法（「大日本帝国憲法」）においては、天皇は日本国の「元首」とされていました。その「元首」とは、統治権を総攬《そうらん》し、国民は天皇の臣民であって、臣民の自由権は天皇が裁可した法律の範囲内でのみ認められるとなっており、元首たる天皇は戦争を始めるか否かを決定でき、また軍隊を統帥する全権をもっていました。従って、多くの場合、天皇の周囲にいる者たちの進言に基づく天皇の指令によって、独裁的な政治決定をもって戦争を起こすことが可能な仕組みだったのです。

平和に対するこのような危険性を残さないために、日本国憲法は「元首」その他の規定を廃して、天皇を「国民統合の象徴」とするという根本的変更をしたのです。実質的にも、これこそ、民主国家・平和国家の天皇にふさわしいと言えましょう。現上皇が天皇退位の希望をにじませたお言葉を述べられた際にも、陛下は「象徴」という表現を繰り返し用いられ、全国各地各所を訪問され、慰め励ます言葉を述べられ続けたことも、象徴に徹しようとするご努力であったことを国民の心に響き入る表現で語られました。天皇の在り方について憲法の歴史的意義とその基本精神に明確に則ったものと、私は感動を禁じ得ませんでした。またそれだけに、自民党の憲法改正草案第一条が「天皇は元首である」とすることを掲げているのは、何と認識浅く、しかも危険な改正案であるかと残念に思います。

前文を踏まえ、以上の諸規定の存在と役割をよく理解した上で、第九条につき慎重に考察することが大切です。

5．第九条の戦争放棄について

まず、憲法第二章「戦争の放棄」第九条を掲げます。

第九条　日本国民は、正義と秩序を基調とする国際平和を誠実に希求し、国権の発動たる戦争と、武力による威嚇又は武力の行使は、国際紛争を解決する手段としては、永久にこれを放棄する。

②前項の目的を達するため、陸海空軍その他の戦力は、これを保持しない。国の交戦権は、これを認めない。

私はもともと憲法を専門に研究してきた者ではありませんので、特に論争の錯綜しているところに関する細部の解釈論については専門の学者に譲りますが、この第九条については、前文が明確にしている基本原則としての平和主義を貫徹するために設けられたもので、前文の平和主義を無視して第九条を論じることはできないこと、前文の平和主義と意図的に無関係に第九条を論じる論説には何らかのまやかしが含まれていることを、まずはっきり申し上げておかなければなりません。

このことは、第九条自らが語っています。すなわち、第九条の冒頭に「正義と秩序を基調とする国際平和を誠実に希求し」とありますが、これは、前に少しく丁寧に述べた前文の平和主義を受けて第九条が立てられていることを示すものであることは、容易に理解できることと思います。「正義と秩序を基調とする国際平和」とは、戦争がないというだけではありません。つまり、軍事大国が弱小国を押さえ付けたり、強引に領土的主張を押し通したりせず、前述したように「専制と隷従、圧迫と偏狭」を取り除き、諸国家が「ひとしく恐怖と欠乏から免かれ」ている状態の国際平和のことを意味しています。また、正義のための戦争ならしてもよいというわゆる「正戦論」を内に含むものでもありません。

繰り返しますが、前文の平和主義を受けてこの第九条が定められたことは明らかです。第九条冒頭の一句は議会に提出された原案にはなく、議会の審議の過程で後から付け加えられたものであることは明らかにされているところですが、第九条と前文の関係という憲法の法論理構造から見れば――憲法の正しい運用においてはこの点が肝心です――第九条はまさに前文の平和主義の貫徹のために定められたものと言わなければなりません。この認識を曖昧なままにして、第九条を単に国の防衛政策の見地だけから評価する態度をとることは、――今日、国会議員の中にもこのような一面的姿勢に傾きつつある人をかなり見受けますが――国家の運命を誤ることになりましょう。

このことを繰り返し強調した上で、第九条に関し若干のことを述べることにします。

第九条の主語は「日本国民」となっています。「日本国」と同じことですが、前文で宣言されている国民主権に基づいて、時の国会や政府・与党がどのような判断をし、行動を取ろうとも、主権者たる日本国民は戦争を放棄しているのだということ、つまり戦争放棄の主体を明確にし、かつその主体的決意を語っているのです。この点を軽んじてはなりません。

戦争の放棄とは、端的に「戦争はしない」ということです。日本国憲法制定時の議会における審議の際には、「戦争の否認」や「戦争権の放棄」なら分かるが戦争の放棄という事柄はあり得ないとの意見もありましたが、一九二八年に締約された「戦争放棄ニ関スル条約」いわゆる不戦条約(日本は一九二九年に批准[18])がこの「放棄」という表現を用いていることなどから、この表現でよいとなったものです。

また、第九条には「国権の発動たる戦争」とありますが、これは通常の戦争が政府の宣戦布告や外交上の最後通牒《つうちょう》によって始まるので「国権の発動」と付けられているのであって、要するに「戦争」のことです。いわゆる満州事変[19]や対中国戦争は宣戦布告なしに進められましたが、戦争でした。国権の発動でない戦争が別にあってそれは放棄しないというような意味ではありません。

さらに、戦争だけでなく、「武力による威嚇又は武力の行使」も放棄しています。かつて日本は、第一次世界大戦のため西欧列強が東アジアに注意を払う暇がないのに乗じて、中国に対して侵略主義を剝き出しにしたいわゆる「二十一カ条要求」をし（一九一五年一月）、最後には武力による威嚇をもって中国政府にこの要求を呑《の》ませたことがありました。中国の民衆がこれに怒り、排日の動きがいわゆる五・四運動という国民運動になり、十五年戦争における中国の頑強な抵抗となっていきました。右に述べた「満州事変」や「支那事変」[20]のように、軍部の暴走により中国への武力の行使が行われたことなどとともに、忘れてはならないことです。それがアジア太平洋戦争に拡大したことも、武力の行使は戦争の発端となりやすいものであることとして、同じく忘れてはなりません。

次に、第九条第一項の末尾に出てくる、「国際紛争を解決する手段としては[21]」戦争を放棄するという表現をどう理解するかが、最も問題です。

まず、この文言は、一見、「戦争の放棄」に限定を加えて、国際紛争を解決する手段としての戦争に限り放棄するかのごとき文章構造になっています。しかし、戦争は国際紛争が高じたところに始まるものですから、およそ国際紛争を解決するためでない戦争はあり得ないのではないでしょうか。それゆえ、この文言に特別の意味を持たせ、戦争の放棄を限定するごとき解釈は戦争と平和についての考え方を歪める危険があります。その文章構造に、戦争の放棄に限定を加える特別の意味はないというべきです。そうでなければ、全く国際的紛争がなく無防備であるのに付け込んで攻め込むような一方的な侵略戦争ならできるという奇妙な解釈も可能になります。

ところが、この文言を用いて、自衛のための戦争はこれに含まれていないと解釈し、また第二項の解釈においても、第一項のこの解釈を受けて、自衛のための戦力なら持つことが許されるし、自衛のための戦争なら交戦権を認めるのが憲法の趣旨だとする解釈論が声高に主張されています。しかし、この第九条が衆議院及び貴族院で審議されたとき、政府は、終始、戦争は自衛戦争という美名のもとに行われることがあるので、自衛のための戦争も放棄したのだと説明し[22]、その説明が了承されて、この憲法改正が承認されたのですから、これが立法者意思というべきでしょう。

この第九条第一項の「国際紛争を解決する手段としては」という文言は、憲法改正案を審議していた議会の委員会において、芦田均委員長[23]の発言により、原案にあった「他国との間の紛争の解決の手段としては」という文言を修正したものであり、また、第二項の「前項の目的を達するため」という文言は、芦田委員長により付け加えられたものです。当時は前述のような自衛のための戦争は認めるというごとき解釈はなく[24]、後に、朝鮮半島を主たる舞台にして熱い戦争が起こり、日本の再軍備が論じられるようになったころ、芦田はこれらの文言を指摘して自衛のための戦争は許されるとの解釈を主張し始めました[25]。しかし、その時々の政府は前記の立法者意思を尊重し、いやそれ以上に国民の反応を考慮して、この新しい解釈を前面に出すことをせず、自衛隊も第九条にいう戦力ではないとし、従って戦力を保持せず、交戦権を認めないとする第九条二項の問題もないとし、公式にはこれが今日に至っているのですが、それでも、自衛のための戦争は第九条にもかかわらず許されるとの主張が声高に言われるようになっているのです。

しかし、自衛のための戦争といっても、およそ戦争は何らかの国家的利害の対立を打破するために、しかも中立国の理解と支援を得ようとして自衛の名目をもって始めるのであって、日本が太平洋戦争に突入したときがまさにそうでした。大東亜共栄圏の保全という一種の集団的自衛権を主張して戦争を始めたのです。しかも、自衛のための戦争といっても、国を挙げての戦争であり、相手の基地を攻撃し、さらに攻め入るに至るのが通常であって、それは要するに戦争です。太平洋戦争において日本が巻き込んだ他の国や民族をも含むあの戦争の惨禍を省みるとき、安易に自衛のための戦争という美名を立て、これは憲法上許されると主張するのは、憲法前文の平和主義の国民的自覚を弛緩《しかん》させ、国の進路を誤らせる危険が大きいのです。

自国の防衛を図るのは当然ではないか。そのために軍備を増強したり、強大国と同盟を結んだりするのが憲法違反のはずはない。自衛のためなら許されるとの憲法解釈をとるべきであるし、それができないというのなら、その憲法は改正すべきである、と主張する人たちがいます。しかし、〝NO!〟なのです。このような主張を受け入れて、「自衛のため」ならよいとすれば、政府が表面上それを掲げて深入りするとき、国民はどうしようもなくなるのです。ただ、戦争の惨禍の前に伏すしかなくなるのです。政府にそのようなフリーハンドを与えないようにすること、それが憲法第九条の真意なのです。

およそ、国家的利害対立が国際紛争にまで高まらないように外交的知恵と努力を尽くし、紛争状態になっても、それを戦争に訴えずに解決するために、国連を含めて関係諸国との広範な外交努力を展開して、戦争を未然に防止することが、今日、国連を中心にすべての国々との対話を展開できる国際状況においては、外交政策の現実的な在り方でありましょう。それでも、強力な戦力を保持していてこそ、平和外交も推進できる。そうでなければ、外交交渉も力を発揮できない、などという意見があります。さらに、国家的利害対立が全くないときに一方的に攻め込まれることだってあり得る。その時は、自衛のための戦力を認めないでどうするのかなどという意見もありましょう。しかし、これらは、平和外交を真剣に展開しない者の言うことではないでしょうか。理由なく他国から突然攻撃され、侵入を防ぐためやむなく応戦すること、つまり緊急の正当防衛としての局地的戦闘行為は、独立国家として許されることですが、国民と政府が一致して全面的平和外交を展開している国家にとって、このようなことは実際にはまず考えられません。

国民の安全と生命を守るための防衛力強化としばしば言われています。それはどうやら、軍備を増強して他国に付け入るすきを与えないようにするためのようですが、それはかえって相互に刺激し合って危険な対立を作ることになりやすいものです。しかもそのような軍備の配置を隣国と近接して展開することは、被害妄想状態における一触即発の危険を増幅することで、決して賢明とは言えません。むしろ、平和主義をかざして国際的平和状態を創り出すことの先頭に立とうと、政府と国民が一致して努力するほうが、明らかに安全な国際関係を創っていくのではないでしょうか。

また近時、多数党及び政府が、集団的自衛権は憲法上認められるとして、同盟関係の相互防衛関係への強化が進められていますが、これは現行憲法において許されることではありません。第九条につき、その解釈の技巧をこらしていかに工夫しても、それは無理であることは、誰でも分かるところでしょう。それにもかかわらず、国会議員が長いものに巻かれることに目をつぶっているとすれば、明らかに主権者たる国民を侮っていると言わざるを得ません。

憲法上自衛権が許されるとし、さらに集団的自衛権を主張しだしたのは、国連憲章第五一条[26]を盾に取ってです。確かに同条は、国連加盟国に対して武力攻撃が発生した場合に、国連の安全保障理事会が国際の平和及び安全の維持に必要な措置をとるまでの間、集団的自衛権を個別的自衛権と並べて固有の権利として認めています。だがしかし、この国連憲章第五一条が集団的自衛権を認めているからといって、わが国の場合、憲法の前文及び第九条に反して、当然に集団的自衛権に基づく行動を認めることができるということにはなりません。

およそ、国連憲章は、平和を謳《うた》い紛争の平和的解決を掲げていても、戦争の放棄を宣言してはいません。しかし、日本国憲法は戦争そのものの放棄を宣言しているのです。その意味では、日本国憲法の平和への基本姿勢は、国連憲章を超えているとも言い得るものなのです。国連憲章第五一条だけによって他国に対して集団的自衛権を主張し、そのための有形無形の戦力を増強し、軍事同盟の強化に走るとしたら、それは、わが国の場合、自己の基盤である憲法を自ら偽って、つまり現在及び将来の国民と国際社会とを欺いて主張できると言っているにすぎないのです。

さらに、国連憲章第五一条そのものについても、国際平和のためには、慎重に評価しなければならないものがあります。仮に単独の自衛権の主張であれば、それは、憲法に抵触する可能性はありますが、万が一の危険を防衛し、国の安全保持のためと説明することもできるでしょう。しかし、集団的自衛権を掲げて外交防衛政策を進めるときは、明らかに特定の国、多くは近隣の国家を仮想敵国としているのです。そのような仮想敵国視はかえって戦争の危険を増大するのです。その意味では、第五一条の集団的自衛権の容認は、自由な諸国家が条約により結集して形成する「平和連合」としての国際連合の理念とは必ずしも合致したものでなく、国際連合発足時の国際情勢との妥協の産物と、私は見ています。

なお、ここに自由な諸国家の「平和連合」と書いたのは、前記の哲学者カントの『永遠平和のために』第二章の第二確定条項によっています。このカントの提言が国際連盟を生み、国際連合憲章へと発展したと言えるであろうと思います。

憲法第九条の第二項は、第一項の戦争放棄の目的を達するために、戦力を保持しないこと及び交戦権を持たないことを定めています。

まず交戦権の意味ですが、国として戦争をする権利の意味と、交戦国に国際法上認められる諸権利の意味とがあります。第一項の趣旨からして第一の意味の交戦権を放棄しているのは当然なので、第二の意味の交戦権を否定したものというのが多数説と言われています。しかし、特に断っていない以上、議論を複雑にしないために、双方とも含み、日本はそれらを持たないとしていると理解してよいと考えます。

ただこの第一の意味の交戦権についてですが、古来、戦争をすることは独立国家としての権利だと言われてきました。そこで、交戦権を放棄しているのは、主権を放棄するに等しく、それは独立国家としての自己否定だとしてこの条項を認めないとする見解も見られます。議会での審議のときもこのような主張がありました。しかし、それをも超えて、主権者たる日本国民が交戦権をも放棄したということが大きいのです。平和主義を貫くには、それほどのことが必要なのだということです。平和主義を国是とするということは、全世界に向かい、多くの国に同旨の姿勢に立つように呼びかけることを伴うべきものですから、これは当然でしょう。

実は、明治以降の歴史を少し学ぶだけでも分かることですが、人類世界は、第一次世界大戦を経て、特に第二次大戦後は明確に、国家にとって戦争の持つ意味が大きく変わってきていることを認めざるを得なくなりました。国家間の利害関係は他の多くの国々との関係ともそれぞれ深くかかわっていて、二国間だけで処理・解決できるものではなく、まして、二国間だけの戦争で決着を付け得るものでなくなってきているのだということです。二国間の国際的緊張はたちまち世界的規模の戦争に発展する危険性を持っているということなのです。

しかも、不気味にも核兵器が常に背後にあるのです。単純に交戦権は国の主権行使の一つであるということだけを根拠に、平和主義のとりでを崩してはならないのです。核兵器に関することについては、また後で集中的に取り上げたいと思います。

次に、「戦力を持たない」とは、常備軍を持たないということですが、これについては、現在の自衛隊をどう考えるか、またそれをどうするかがあります。

第九条に照らせば、自衛隊は限りなく違憲状態に近い存在と言わなければなりません。この認識を緩めてはなりません。現に存在する自衛隊を、国際関係も含めてどのように扱うかの現実的方策なしに、自衛隊を違憲だと言い切ってしまうことは賢明ではありませんから、限りなく違憲状態に近い存在と言わざるを得ないのですが、どのように説明しようとしても違憲であることは否定しようもありません。ただ、今日、現実の政策としては、自衛隊をあくまでも他国からの一方的な急迫不正の侵害に備えるためだけのものにとどめ、つまり前述のように、あくまでも水際での局地的防衛戦闘のためのものにとどめて、他方、国を挙げて平和主義を徹底して展開することでありましょう。

憲法の基本原則とは、どんなに厳しく国論が分裂しそうなときでも、いやそのようなときにこそ、それを堅持し、その上に立って論議を尽くしていくべきものなのです。それでこそ基本原則なのです。ですから、そのようにして平和主義の徹底に励まずに、違憲なら第九条のほうを改正しようなどという主張に引っ張られて論議を進めて、自衛隊を憲法上の軍隊とするごとき方向に引きずり込まれないようにすることこそ、肝要です。平和主義を徹底せずして、安易にそのような方向に進む時、日本国は国民の前に、また他国の前に信頼を失うことは必定で、亡国の危険が高まりましょう。

このことのゆえに、かつて湾岸戦争のときに、国連加盟国はこぞってフセイン[27]のイラクの非を認め、多国籍軍派遣となりましたが、日本は当然のことながら自衛隊を派遣しませんでした。どのような状況においても、日本は第九条を堅持しなければならないのです。

以上、第九条について、私の理解するところを述べてきましたが、ここで、戦争の放棄につき、「永久に」放棄するとあることに注目していただきたいと思います。

「永久」という表現については、憲法は基本的人権についても「永久の」権利であると規定しており（第一一条、第九七条）、それゆえ第九条の基礎にある平和的生存権も永久の権利です。第九七条については後で取り上げるつもりです。この第九条のいう「戦争を永久に放棄する」との表現は、戦争の放棄がいかに動かし難い原則的な定めであるかを示していることは、間違いありません。

世界の情勢や日本を取り巻く国際環境がどう変わろうとも、しかも国民の総意がどのように変化しようとも、戦争の放棄は変更してはならないという意味です。戦争の放棄を否定するとすれば、前述のように平和主義＝戦争放棄は憲法の基本原則ですから、憲法そのものを否定することになる、とも言えるでしょう。憲法によって日本国は立っています。日本国の存続を望む限り、第九条を否定することはできないということです。それゆえ、憲法の改正手続きをもってしても、「戦争の放棄」の第九条を否定・廃棄するような改正をしてはならないということでもあります。

この「永久に」との表現は、どんなに重く受け止めても、重すぎることはないのです。わが国の防衛政策重視に走るあまり、この「永久に」との表現があることを無視してはなりません。

繰り返しになることを厭《いと》わずに申しますが、前文の平和主義と平和的生存権を踏まえている第九条の戦争の放棄は、平和な国際社会を作り出すための世界史的意義を有するものとして、日本はこれを担っていかなければならないのです。

なお、ここで、いったん第九条を論じることを閉じるに当たり、これがなぜ憲法第二章に置かれているのか、その意味を明確に認識しておきたいと思います。

まず、第一章に「天皇」とありますが、これは、戦後の大変革をできるだけ政治的混乱の生じることを避けて進めるために、日本国憲法の制定を憲法改正の手続きをもって進めたために、大日本帝国憲法（明治憲法）「第一章　天皇」に倣って「第一章　天皇」としたためです。実は、第一章の実質的内容の一つは、前述もしましたが、天皇を明治憲法が定めていた天皇大権（主権）の保持者、統治権の総攬者という意味での元首ではなく、日本国及び日本国民統合の象徴であるとし、しかも、天皇の地位が国民の総意に基づくことを明記したことです。そしてさらに大事なことは、この第一条において、日本国の主権は国民にあることを宣言していることです。憲法の第一原則である国民主権は、前述のように前文で明確ですが、それに対応して本文上で国民主権を明記するために、このような第一章と第一条とが定められたのです。

次に、第三章は何か。これも明治憲法の第二章「臣民権利義務」を受け継いでいるようで、実質的内容は全く異なり、明らかに基本的人権の宣言です。

そして、第二章「戦争の放棄」は、このような内容の第一章と第三章との間に置かれています。つまり、憲法の存在根拠あるいは生命線とも言うべきその基本原則である国民主権、平和主義及び基本的人権の宣言保障の三つが――これらについては、前文につき前に述べました――、その順に憲法本文に登場するという組み立てになっているのです。そして、この後に、これらの三原則が守られるように、これらの三原則に仕えるべき国政の機構（国会、内閣、裁判所、地方自治等）の規定が置かれているのです。第九条の憲法本文上の位置自体がその重要性を示していると理解すべきです。

こういうわけですから、第九条につき憲法の基本原則とその基本的構造を無視して論じ、その内容を努めて曖昧にし、その規制を軽くしようとする政治的主張は、「日本国憲法」を無価値なものにしようと企《たくら》んでいるのではないかと危険視するべきものなのです。

6. 改めて日本国憲法制定の意義を考える

現行憲法制定後、これは、あの敗戦後の連合国による占領統治下において占領軍から押し付けられたものであって、連合国との間の平和条約が発効して占領状態を脱した以上、現行憲法そのものを廃して、自主的に新たな憲法を制定すべきであるという押し付け憲法論ないし自主憲法制定論の主張があります。それは、一見、憲法の一部改正のごとき主張のように装いつつ、実は憲法の全面改正であり、現憲法の生命線とも言うべき基本的規定を書き換えることにより、全く別の憲法を制定することを狙っている政治主張です。そのことは、何よりも自民党改憲案が憲法前文をすっかり書き改めることにまず力を入れて、そこから始めていることによく現れているのです。

そこには、現行憲法の生命線の一つである「平和」への国家的取り組みさえ根本から切り替えようとする意図が巧みに含まれていますから、平和について考えるこの論考においては、押し付け憲法論(=自主憲法制定論)につき分析批判をせざるを得ません。また、押し付け憲法論につき論じることは、私たちの日本国憲法の歴史的意義、特にその平和主義が私たち日本国と各人の将来の平安にとって持つ意味、とりわけ平和を維持し、また作り出すために、世界戦略的にどういう意味を持っているかというその意義を考え、またそれを明確にしていくことに極めて重要な関係を持っておりますので、押し付け憲法論批判と日本国憲法制定の意義につき少し丁寧に考察してみたいと思います。

なお、安倍内閣退陣後は、憲法改正の主張の声が少し小さくなってきているかのように見えます。しかし、それは国際環境と党派政治の状況の変化のためであり、むしろこのやや落ち着いている中でこそ、押し付け憲法論の誤りを明確にし、自主憲法制定論の危険性を十分に認識しておくことが大切です。

戦後の憲法制定のプロセスをどう見るかということについては、既に多くの研究があり、特に古関彰一氏の『新憲法の誕生』（中公文庫、一九九五年）、その改訂版である『日本国憲法の誕生』（岩波現代文庫、二〇〇九年）及び『平和憲法の深層』（ちくま新書、二〇一五年）その他多くの文献が手近なところにありますので、それらを少し丁寧に読んでみれば、押し付け憲法論に惑わされることはあるまいと思いますが、現行憲法制定の経緯を見ることは日本国憲法のいわばスピリットを深く受け止めることにかかわりますので、私なりに述べることに致します。

さて憲法制定のプロセス、特に一九四六（昭和二一）年前半期の政府と連合国占領軍との間の憲法制定を巡る交渉だけを見ると、憲法は押し付けられたもののように見えます。しかし、明治以降の歴史に照らしてその事態を率直に見れば、押し付けられたのは当時の政府ないし政治支配層の者たちであって、一般国民にとっては「押し付けられた」のでは決してありません。そうではなくて、ポツダム宣言[28]の受諾つまり敗戦から日本国憲法の制定を一連の歴史的出来事として見るとき、日本国憲法制定は、一般の国民にとってはむしろ人間としての本来の自由の回復、まさに解放と受け止めることのできる変革であったということであり、これこそ、国民一人一人が人間として等しく大切な存在であるとすることであり、国家として本来の在り方に立ち返ったことだったのです。私はこういうふうにすんなりと理解しています。

押し付けられたのは当時の神格天皇制の政治上層部であって、一般国民ではないということを述べるには、当時の憲法と戦争及び敗戦との関係を語るところから始めなければなりません。

実は、戦後の憲法制定まで施行されていた戦前の明治憲法の急所をしっかり理解しておれば、それと対比することによって、現行憲法が日本と国民の将来及び平和にとっていかに大切なものであるかが明確に分かります。関連して、自主憲法制定を主張して発表されている自民党の憲法改正案についても、明治憲法につき確かな認識と批判力をもっておれば、その欠陥ないし危険性がまざまざと見えてきます。これらのことについては、逐次述べたいと思いますが、まずあの戦争時の日本の憲法つまり明治憲法について、その戦争との関係について述べることから始めます。それは、平和を追求する者にとって貴重な反面教師です。平和を求め作り出すのに何が大切かが、かえってよく分かるのです。ですから、以下述べることは、日本人が平和を考える時の根幹にかかわる重要な経験的認識として、少し時間がかかりますが、読んでほしいのです。

(1) 戦前の憲法と戦争との関係

戦前の憲法、いわゆる明治憲法、正式名称は「大日本帝国憲法」ですが、それは明治二二（一八八九）年、天皇家初代の神武天皇が即位した日とされる二月一一日に発布されました。その「憲法発布勅語」には、天皇の大権によりこの憲法を宣布することを宣言し、大臣は天皇のためにこの憲法を施行する責任を負い、臣民は「此ノ憲法ニ対シ永遠ニ従順ノ義務ヲ負フベシ」と命じられていました。これらの点に、この憲法が、国民のためのものではなく、天皇家とそれを取り巻く支配的権力階層のためのものであり、特に神格天皇制の確立護持のための憲法であることがはっきり現れていました。

その内容を見ますと、第一章は「天皇」となっていて、その第一条は、「大日本帝国ハ万世一系ノ天皇之ヲ統治ス」と宣言していました。これが戦前の国家体制のすべての基本でした。前に述べたように、憲法は国の政治機構の大綱を定めるもので、それには国家の主権が誰に帰属するかが最も基本的なことですが、明治憲法の冒頭に置かれたこの条文は、国民主権を全面的に否定して、天皇大権を宣言したものであり、しかもこの体制は天皇家が世襲し、それは万世にわたるものとしていたのです。

これを受けて第四条は「天皇ハ国ノ元首ニシテ統治権ヲ総攬」すると定めていました。これは、天皇は主権者の意味での国家の元首であり、その意味での統治権の総攬者ということです。なお、現憲法では天皇につき「元首」を廃して「象徴」としていることは前述のとおりですが、自民党の憲法草案はこの「元首」を復活させて、「天皇は元首である」を正面に出してきています。その背後にあるものを見極めなければなりません。

さて、この元首にして統治権を総攬することは、つまり実際に政治を進めるについては、憲法は「国務各大臣ハ天皇ヲ輔弼《ほひつ》シ其ノ責《せめ》ニ任ズ」（五五条）と規定していましたので、天皇は総理大臣になる者を指名し、その者が各大臣を推薦して任命され、内閣を組織して天皇を補佐する政治に当たっていました。

しかし、憲法には内閣連帯責任の規定はなく、内閣総理大臣は国務各大臣による閣議のまとめ役にとどまりました。ですから、閣議が一部の大臣の反対でまとまらないときには総辞職ということになるのでした。天皇から首相に任命されても、陸軍がその主張を通すため、陸軍大臣の推薦を拒否すると内閣を組織できず、首班指名を辞退したり、内閣総辞職したりすることになり、このことは昭和に入り軍部が政治に発言力を強めていく過程でしばしば起こりました。天皇一人に統治権を集中した憲法制度は、このようにして事実上の軍部独裁、いわゆる軍国主義を招来する遠因になりました。他方、立法権は天皇だけが有するとの建前から、帝国議会は天皇の立法に「協賛」する存在にとどまり（五条）、「司法権ハ天皇ノ名ニ於テ法律ニ依リ裁判所之ヲ行フ」（五七条）とありましたが、最も重大なのは軍隊と戦争に関することで、天皇は陸海軍を統帥し（一一条）、「戦ヲ宣ジ和ヲ講ジ及諸般ノ条約ヲ締結」し（一三条）、「戒厳ヲ宣告」する（一四条）と明記されていたことです。

以上のような天皇大権の定めとともに、その上に、明治憲法は「天皇ハ神聖ニシテ侵スベカラズ」（三条）と宣言していました。これは絶対的宣言でした。この規定は、天皇を「現人神《あらひとがみ》」として神の地位にまで高めてその尊厳と権限を絶対的なものとした神格天皇制を表すものとして機能し、臣民統制のため大きな働きをしていました。

このようにして、日本が天皇大権の国家体制であることを明確にし、これを「国体」と言って護持することが、国民の自由・人権を守り、福祉を図ることよりも大切なことであるとし、国民主権の考え方など入り込む余地のない体制を作っていたのです。

ところで、明治憲法下の天皇家はこのいわゆる立憲君主制の趣旨をわきまえ、天皇親政ないし独裁を主張することを控えて、憲法その他の法律に従って政府その他に任せるようにしていたと伝えられますが、もともと日本の歴史においては摂関政治と幕府政治が長く続き、宮廷に天皇親政の遂行を担い得るものは歴史的にできていませんでしたから、それは日本の歴史の自然の成り行きとも言えます。

むしろ、この天皇制は、このような強大な権限を保有する天皇を輔弼・補佐するとされた者たちが、その強大な権限に乗っかって国政を左右できる可能性を秘めていたことにこそ、問題があったのです。統帥権の独立を主張して軍部が独走し、国政を牛耳り、軍国主義ファシズム国家になっていったことは、やはり、この明治憲法と神格天皇制のゆえであったのだと言わざるを得ません。

そのことの確認のためには、もう一つ、国民はどう位置付けられていたかを見なければなりません。明治憲法第二章に「臣民権利義務」の定めがありました。この題名が示すように、天皇に対する「臣民」と位置付けられているだけで、一国を構成する「国民」とはされていませんでした。第二章には、まず、臣民の兵役の義務（二〇条）や納税の義務（二一条）が掲げられており、言論・出版・集会・結社の自由（二九条）や居住・移転の自由（二二条）の規定はありましたが、それらは「法律ノ範囲内」において認められるとなっていて、法律で制限できるとする規定でしたし、信教の自由に至っては、「安寧秩序ヲ妨ゲズ及臣民タルノ義務ニ背カザル限《かぎり》ニ於テ」認めると定められていて（二八条）、法律による統制に限らず、もっと幅広い権力的統制が可能な立法になっていたのです。

いずれにせよ、これらの規定では、「自由」と言っていても、法律等で制限できるとされていたわけですから、これは基本的人権を全く認めていないと言ってよい憲法だったことを示しています。基本的人権とはおよそ法律をもってしても制限してはならない権利なのですから。要するに、国民ではなく「臣民」とし、天皇に臣従する法的な在り方を規律する目的でこれらの規定が置かれたわけで、天皇大権の国家体制である以上、基本的人権は最初から念頭にない憲法だったのです。

このような絶対主義的天皇制をさらに教育を通して幼い時から国民の脳髄に染み込ませ、国民生活全体に及ぼし、政治的のみならず社会的文化的にも徹底しようとしたのが、明治憲法に次いで出された「教育勅語」でした。国民一人一人が人間として本性的に有する自由と平等への願望に反する、神格天皇制への義務中心の憲法を国造りの基本にしようというのですから、国民の中にこの憲法を守る規範意識つまり天皇と天皇制国家への忠誠の精神を植え付けるための上からの教育が必要になります。そこで考え出されたのが、学校教育や社会教育のすべてにおいて天皇への忠誠が基本であることを教え諭す内容の「教育勅語」でした。

その内容は、天皇に対する忠義と親に対する孝行といういわゆる忠孝一本が教育の根本であると宣言し、次いで儒教的道徳訓を徳目として並べたものでしたが、その狙いは、徳目列挙の最後に置かれた「一旦緩急アレバ義勇公ニ奉ジ以テ天壌《てんじょう》無窮《むきゅう》ノ皇運ヲ扶翼《ふよく》スベシ」という結びにありました。すなわち、戦争など重大な事態が生じたときは忠義と勇気をもって国のために尽くし、天皇家を助け支えなければならない、というのです。道徳教育の形をとって忠君愛国の精神教育を目指すものでした。これが、あの戦争を遂行するための国民全体に対する精神教育の基本になっていたのです。

私が小学生時代に受けた教育は、敗戦まで、この勅語によって塗りつぶされていたと言ってよいものでした。この勅語のコピーが各学校に配布され、同じく配布されていた天皇の写真（「御真影《ごしんえい》」と言った）とともに極めて大切に保管されていました。校舎が火事になり、このコピーが焼失したため自殺に追い込まれた校長がいたと聞きます。そこで、私の小学校では、昭和一五、六年頃、その保管場所として耐火構造の奉安殿が校舎から離れた校庭に造られました。学校の重要な式典のたびに、校長が教育勅語（のコピー）に拝礼した上で、これを厳かに読み上げます。他の先生と生徒たちは直立不動の姿勢で頭を垂れてこれを聞くのです。緊張のあまり倒れる生徒もありました。この勅語は何度も聞かされて、私はその大半を覚えていました。

この勅語の立脚基盤を示すものとして見極めていなければならないのは、その冒頭の一節で、「我ガ皇祖皇宗国ヲ肇《はじ》ムルコト宏遠ニ徳ヲ樹《た》ツルコト深厚ナリ」との宣言です。これは、この国を創始したのは天皇の先祖であり、それはこの国のすべてのことに先立つはるかに先のことであること、また天皇の先祖がこの国に生きる者の道義を立てたのである、との宣言であり、それゆえに、天皇がこの勅語において示す国の秩序と倫理観念はすべての思想や価値観に勝る絶対的なものであって、臣民は必ずこれに服さなければならないとの根拠を示しているのです。事実、私の小学生の時代、古事記に記された神代の国生みや天孫降臨の神話が批判を許さぬ絶対的なものとされていました。冒頭の一節のこのような意味合いのおおよそは、小学生の頃、私も十分に理解していたように記憶します。

これが明治憲法と一体となっていて、その基本的思想は、国民一人一人の個人としての尊厳性、基本的人権及び国民主権等の現行憲法の基本原理を真っ向から否定するものだったのです。ですから、日本国憲法制定後、国会は両議院において教育勅語を全面的に廃止するという決議をしています。実は、今でも時々、教育勅語は良いところがあり、学校教育においても用いるべき点があると発言する政治家がいますが、とんでもないことです。

以上のような明治憲法・教育勅語体制が戦争開始や敗戦とどうかかわるかについては、当時の日本の軍隊、いわゆる陸海軍は直接に天皇の統帥権の下に属することになっていたことにつき述べなければなりません。

統帥権とは、軍隊の最高指揮権のことですが、これは天皇の大権に属するとし、その発動については、陸軍では参謀総長、海軍では軍令部長が内閣を抜きにして直接に天皇を補佐する仕組みになっていきました。陸軍と海軍にそれぞれ大臣がいて、これらは内閣の一員でしたが、その役目は軍備・兵員を整え維持することにとどめられ、軍隊を動かすこと自体は天皇の統帥権の下にあるとして、軍部すなわち陸軍では参謀本部、海軍では軍令部が握ることになっていたのです。

第一次大戦後の国際連盟などの国際協調が強くなった時代に、今日の核軍縮のように、軍艦の保有数を国際的に制限する軍縮会議があった時、その会議にどう対処するかは内閣の主導で進められましたが、しだいに統帥権の独立の名の下に軍部が発言権を強めるようになり、政府をも押し切るようになっていきます。それがはっきり現れるのは満州事変で、広く知られているように、これは軍部の出先機関である関東軍（日露戦争により日本の領土となった遼東半島等のいわゆる植民地の常備軍）の謀略による戦争で、それにより中国東北部に満州国という傀儡《かいらい》政権を作ったのも軍部が独断専行した結果でした。この満州事変こそが、最後には日本を廃墟と化した一五年間の戦争（アジア太平洋戦争）の始まりでした。他方、治安維持法その他国民に対する各種の統制、特に情報統制は巧みにかつ厳しくなり、国民は何も知らないままに流されていきます。しかも、これが肝心ですが、前述の教育勅語による教育が行き渡っていますから、政府や軍部に対する批判が国民の間に起こることはなくなっていきます。五・一五事件以降のことですが、天皇は国民が軍部批判の声を上げないのをいぶかり、元老・西園寺公望は明治以来の教育が誤っていたと嘆いたと伝えられますが、国民から遊離した政治による戦争とその敗戦という悲劇は、明治憲法と教育勅語の帰結として、多くの国民の知らないところで進んでいたのです。

以上、少し詳しく述べましたが、このように丁寧に見てくると、昭和に入って日本が戦争に突入していったことにつき明治憲法がその重要な遠因の一つであることは、確かだと理解できると思います。関連して、特に注意すべきは、明治憲法第五五条は「国務各大臣ハ天皇ヲ輔弼シ其ノ責ニ任ズ」となっていましたが、この責任はあくまでも天皇に対する責任であって、国民に対するものではなかったのです。当時政治に与かった者たちの意識においても、国民に対する責任とその重さの自覚はほとんど無かったと言ってよいのではないでしょうか。残念ながら、そう言わざるを得ません。このことは重要です。

軍部に押されてアメリカとの戦争を始め、どんなに国民が塗炭の苦しみを味わおうとも、内閣は戦争終結を決定できませんでした。天皇に対する責任を果たすことに悩みながらも、国民のために自分たちの責任において――それは軍部と対決するという容易ならぬことではありましたが――戦争終結の方向に事を進めることはしなかった。繰り返しますが、もともと、当時の政治上層部の人たちの多くは、「天皇のため、国家のため」という自覚はあっても、「国民のために」という意識は極めて乏しかったのではないかと思われます。明治憲法に、またそのイデオロギー宣言としての教育勅語に、まさにこのようなことを生み出す根本的欠陥があったのです。

(2) ポツダム宣言の受諾と敗戦の意味

当時政治を動かしていた者たちの中に「国民のために」という意識が乏しかったことは、ポツダム宣言に対する対応において顕著でした。

連合国側が発したポツダム宣言という戦争終結の機会を与えられても、それに対してどうするかにつき、政府はいたずらに遷延しました。天皇大権の国体を護持して、天皇に対する責任を果たすためには、ポツダム宣言にどう回答するかにつき、彼らなりに苦悩して、遷延していたのです。それは、〝国民のために〟は全く無益な遷延でした。いや、無益どころか、その間に、広島と長崎は原爆の地獄に突き落とされ、主要都市の絨毯爆撃は苛烈を極め、ソ連参戦による満州での悲劇とシベリア抑留、フィリピン・ルソンをはじめ南方各地での兵士の大量の飢餓死、その他国内外での数え切れない悲惨な被害が、この遷延の間に発生していたのです。

本論において大事なことは、ポツダム宣言受諾による敗戦の意味を考えることです。明治維新後、わが国は西欧列強に伍《ご》して覇権主義の道を突き進んだが、敗戦により民族滅亡の淵に立たされて、独立国家としての道を歩むためには、平和の問題を考えなければならないと、日本人は初めて平和への学習の重大性を知ったのです。このことを思うと、現在の憲法を「押し付けられた憲法だ」と言ってその価値を貶めてはばからない言説がいかに誤っているか、またいかに危険な毒性を含んでいるかを、悟らなければなりません。

ご承知のように、ポツダム宣言は、合衆国大統領、中華民国主席及びイギリス首相が敗北後のドイツのポツダムに会して、一九四五年七月二六日に日本に対して出した無条件降伏を勧告する宣言です。その時、日本は、硫黄島に続き沖縄を失い、全国の工場や港湾と有力都市は空爆によりほとんど破壊され、予備兵力は底を尽き、戦争遂行能力は全く無くなり、これ以上戦争を続ければ、亡国となる瀬戸際まで来ていましたが、軍部は本土決戦を叫び続け、政府は国体護持のための終戦の仕方に苦慮して、テヘラン会談等により背後で米英と手を結んでいたソ連にその仲介を依頼するというあまりにも不明な外交工作をする等の断末魔的状況でした。

そして、日本がこのポツダム宣言を受諾することによって、その宣言にあるとおり、連合国側の攻撃は止《や》み、戦闘状態は終了し、連合国軍が日本を占領して日本の体制変革と国としての復興が進められ、一九五一年の講和条約（サンフランシスコ平和条約）により、日本は連合国と平和を回復することができたのでした。ポツダム宣言とその受諾は対日講和条約の予備条約的性格のものです。

このポツダム宣言は、要約すれば次のような内容でした。ドイツの敗戦の結果は日本国民に対する先例を明白に示すもので、このまま戦争を継続すれば日本本国全土の完全破壊に至ること（三項）、「軍国主義的助言者ニ依リ日本国ガ引続キ統御セラルベキカ又ハ理性ノ経路ヲ日本国ガ履《ふ》ムベキカ」を日本国が決定すべき時が来ていること（四項）を挙げ、連合国の要求する戦争終結の条件を次のように通告していました（五項）。①

軍国主義の除去（六項）、②日本国の全領土の占領（七項）、③日本国の主権は本州、北海道、九州、四国及び諸小島に局限されること（八項）、④日本国軍隊の完全武装解除と復員の保証（九項）、⑤「吾等ノ俘虜《ふりょ》ヲ虐待セル者ヲ含ム一切ノ戦争犯罪人」に対する厳重な処罰（一〇項）、⑥また「日本国政府ハ日本国国民ノ間ニ於ケル民主主義的傾向ノ復活強化ニ対スル一切ノ障礙《しょうがい》ヲ除去スベシ言論、宗教及思想ノ自由並ニ基本的人権ノ尊重ハ確立セラル」べきこと（一〇項）、⑦賠償及びそれを可能にする産業の維持とそのための原料の入手は許されること、ただし、「日本国ヲシテ戦争ノ為再軍備ヲ為スコトヲ得シムルガ如キ産業」は除くこと（一一項）。そして、⑧以上の目的が達成され、かつ「日本国国民ノ自由ニ表明セル意思ニ従ヒ平和的傾向ヲ有シ且責任アル政府ガ樹立セラルル」とき、占領軍は撤収する（一二項）と宣言し、無条件降伏を要求していたのです。なお、以上のうち、本文をそのまま引用した部分には、特に注意を払ってください。

これに対して、日本の政府は初めこれを拒否しましたが、広島・長崎への原爆投下とソ連の参戦を受けて、やむなくこの宣言の受諾へと傾きます。ただ、彼らが最後までこだわったのは、国民の生命と安全ではなく、「国体」の保持でした。国体とは先に述べたように明治憲法の天皇制国家体制のことであり、それは天皇の一身の保障をも含むものでした。この「国体保持」の要請につき、連合国側からは明確な保証は得られませんでした。その要請のうち、天皇大権を基幹とする神格天皇制国家体制の意味での国体の保持をポツダム宣言が容認しないことは、前掲⑥（一〇項）及び⑧（一二項）から明らかと見るべきでした。その関係でも天皇の地位の存続は不明ですが、前掲第四項に「軍国主義的助言者による統御」とあることから、天皇の身体・生命につきある種の期待を持つことはできたと考えられますが、ともあれ、このようにして宣言受諾に追い込まれたのでした。昭和二〇（一九四五）年八月一五日。それは、国民が受けたあまりにも悲惨にして空《むな》しい戦争の惨禍が天皇の「聖断」を引き出す仕方で終結した敗戦でした。

しかし、また、このポツダム宣言受諾による敗戦が平和への出発点となったのです。このことは、この宣言を丁寧に読み、これを受ける仕方で制定された現憲法を精読・味読することによって明らかになります。そして、その憲法の基本原理と平和主義及び立憲主義については、既述しました。

ただ、誤解を避けるために、ポツダム宣言とその受諾の意味について考えてほしいことがあります。

本来、独立国家同士の間では、確立された国際法規（今日では国連の憲章や人権規約または国際条約その他）により、また個別の外交交渉により妥協点を見出して条約を結ぶなどして平和な関係を作り出して、国家としての安全を保持し、またそれにより国際的平和の形成に資するように努力すべきものです。これは誰でも考えるところでしょう。

ところが、二〇世紀までは、他国を侵略することで国勢を高めようとする国々があり、そうでなくても、国際的利害対立に当たり、自己主張を通そうとして軍事力に訴える結果、戦争へと突き進むことが起こりました。ただし、それはまた、負けたときには相手国の従前の主張だけでなくさらに大きな要求も呑まざるを得なくなるという、いわば国家的な賭けでもあります。そこで、他方で、時機を見て第三国の仲介を得るなどして和平工作を進めて、戦争を少しでも有利に終結させる努力をするわけです。その意味では、戦争を始めるときは、戦争の終結の仕方も十分に考えた上で始めるべきものなのですが、太平洋戦争を始めた時の日本は、緒戦に大きく一撃を加えて、有利な交渉に持ち込む程度の見通しだったようです。しかし、米国の態度は頑強で、その反撃が早くかつ強く、そういうようには進まず、しかも、日本の旗色が悪くなったときも、軍部に一撃講和論の主張が強く、それにこだわっているうちに、末期的状況に追い込まれてしまったのです。

満州事変に始まる十五年戦争につきその国際政治史的原因論をここで論じることは致しませんが、日本の関東軍が推し進めた傀儡国家「満州国」は当時の国際連盟から承認されませんでした。わが国は、それを無視して連盟から脱退し、しかも中国への侵略を進めて、連盟から「侵略国家」と名指しされて四面楚歌の状態にありました。その上に、アメリカから経済封鎖を受け、その活路を求めてハワイ・パールハーバーのアメリカ太平洋艦隊を奇襲攻撃して始まった戦争でしたから、国際法的大義名分は全くなく、国際的利害から仲介の労をとる第三国はなく、しかも、国が滅亡する寸前にある以上、ポツダム宣言に示された条件を受諾して、改めて国家として再出発を期するしかなかったのです。

もちろんこの宣言は、連合国側が戦勝国として一方的に押し付けてきたものであることは前述のとおりですし、また、戦後処理から立ち直った後の日本の報復を未然に防止するため、そして第一次大戦後二〇年にして第二次大戦が起こったその轍《てつ》を踏まないようにするための防止装置を含んでいることは言うまでもありません。とりわけ米国の安全と利益を図るものであったのは当然で、「戦争のための再軍備」を警戒している点などには、それがはっきり出ています。さらに、この宣言に基づく連合国（事実上アメリカ）の占領施策が、東西冷戦構造におけるアメリカの戦後国際戦略との密接な関連において進められたことも確かです。

しかしまた、すべての国家が国際社会とその平和を前提にしてこそ存続し得ることを考えるとき、これが受諾された以上は、一国の存亡を懸けた国際的取り決めとして連合国側も尊重すべきものですから、日本としてはこれを履行しつつ、同時にそれを通して新たな国家再生の道を切り開く決意を国内外にいち早く明確にすべきでありました。

しかも、同じ敗戦国でも、ドイツの場合は政府が壊滅しましたので、占領軍による直接統治でしたが、日本の場合は政府がその機能を保持していましたから、連合国最高司令官総司令部（GHQ）は、基本的には日本政府に諸種の要求や指令を出し、政府が行政機構を通してそれを実現していくという、いわば間接統治方式を採りました。ですから、日本政府がポツダム宣言に沿いながらも、さらに積極的に国民の福祉のための新しい国造りを進めることは十分可能でした。

(3) 国民的課題としての新憲法の制定

新しい国造りにつき、問題は特に憲法の改正でした。ポツダム宣言を注意深く読んでください。そこには、「民主主義的傾向ノ復活強化」とあり、「国民ノ自由ニ表明セル意思」に従う政府の樹立とありますから、天皇大権を廃して、国民主権の民主主義政体を採るべきこと、神格天皇制の下で極端に弾圧した「言論、宗教及思想ノ自由」を明示した上で「基本的人権ノ尊重」が掲げられていること、また「平和的傾向」を有する政府とあることから見れば、前述のように天皇大権の下で軍国主義体制へと突き進む基になった明治憲法が全面改正の俎上《そじょう》に載せられるべきことは、十分予測できることでした。

こうして新憲法（日本国憲法）の制定は、敗戦後の新しい国造りの最初の課題として、既に終戦に当たり、私たちの国・日本が選んだ道だったのです。前述のように立憲君主制の体裁を繕っただけの憲法、しかも軍部の独走を許し、戦争の遠因ともなった明治憲法は、新しい国家に生まれ変わるには、妨げ以外の何ものでもありませんでしたから、これを廃して、いわば国家として生まれ変わって、基本的人権と国民主権の国造り、つまり新憲法（日本国憲法）の制定へと進まなければならなかったのです。

しかし、敗戦後の日本政府の内部には、明治憲法の改正に取り組む動きはありませんでした。そしてあの年、一〇月に入って、占領軍総司令官から、治安維持法や特高警察の廃止、政治犯の釈放、信教の自由への制限除去等に加えて、いわゆる五大改革指令（婦人の解放と選挙権付与、労働組合の結成奨励、学校教育の自由主義化、弾圧機構の廃止、経済機構の民主化など）が出されるとともに、首相に対して直接に憲法改正が示唆されるに至り、そこでようやく憲法改正が喫緊の政治的課題となったのでした。

では、政府は、どのような改正を考えたのか。そして、どういう経過をたどったのか。

以下、日本国憲法制定の経緯とその意味するところについては、前にも紹介しましたが、古関彰一氏の一連の著作（『新憲法の誕生』、『日本国憲法の誕生』、『平和憲法の深層』）が、大変参考になります。ご一読をお勧めします。

その経緯の細部は省略しますが、前記の示唆を受けて政府は閣議決定により「憲法問題調査委員会」（委員長・松本烝治《じょうじ》国務大臣[29]）を設置します。この委員会名からして正面から明治憲法の改正に取り組む姿勢ではなかったことが分かります。この委員会は、多方面の意見を汲《く》み上げることもせず、調査・討議の概要を国民の前に明らかにすることもせず、事の推移の中で委員長の専断に近い進め方で、松本作成案その他ほぼ同様の二、三の改正案を用意します。その一つが翌一九四六年二月一日、「憲法問題調査委員会試案」として毎日新聞にスクープされました。それは、明治憲法第一条ないし第四条はそのまま存続させて、国民主権や基本的人権には全く触れていないもので、ポツダム宣言受諾の意味を全く理解しておらず、既に前述の五大改革指令を受けて、一九四五年一二月に労働組合法の制定や婦人参政権を導入した衆議院議員選挙法改正がなされ、一九四六年一月には天皇自らその神格を否定するいわゆる「人間宣言」があったことに比しても、いかにも時代錯誤的で、明治憲法に固執したものでした。実は、その背後にある内閣自体が、憲法改正問題につき同様の認識に支配されており、この委員会とりわけ松本個人に任せている状況だったのです。

他方、当時、連合国の間では、対日政策に関する極東委員会（ＦＥＣ[30]）が発足し、Ｇ

HQはその指示を受ける立場に立つことになる時期でした。FECにおける日本占領政策に関する米ソの意見対立から、GHQが日本の民主化のためその憲法改正につき指導することは、複雑困難な形になろうとしていました。また、連合国の中に天皇の戦争責任を追及する意見が強くなり始めていましたが、マッカーサー[31]は天皇を戦犯に問うことは国民的抵抗を誘発して日本占領に重大な齟齬《そご》を来すと判断していました。つまり、GHQとしては、日本政府に対して民主的憲法を制定するよう働きかけをする必要に迫られていたのです。その時期に、この毎日新聞のスクープでした。

GHQは、日本政府の憲法改正の姿勢がこのスクープ案に見られる程度ではそのまま待っておれないと決断します。そして、日本の憲法改正につきFECが何らかの政策決定をする前に、日本政府に民主的憲法を急ぎ制定するように強く迫るために、しかもその憲法改正によって天皇の戦争責任に対する連合国の一部の国々の追及を和らげるために、GHQが急いで取り組んだ方法が、制定すべき新憲法案そのものを提示するという方法であり、FECに対しては、それはあくまで日本政府に対する「示唆」として行ったものであるとする方法だったのです。

こうしてスクープ記事の翌々日、マッカーサーはいわゆるマッカーサー三原則（天皇の権能は国民の基本的意思に応えるものであること、戦争を放棄すること、封建制度を廃止すること）を示して、GHQ民政局に日本国新憲法草案の作成を命じます。民政局は草案作成作業部会を編成し、さらに国民主権を明確にすること、天皇の役割は社交的君主に限定すること、また国連憲章を念頭に置くこと等を確認して、短期間に草案を作成する作業に入ります。他方、日本政府に憲法改正の政府案の提出を求め、松本委員長が前記スクープ案と同様の「憲法改正要綱」（いわゆる松本案）及びその説明書を提出していましたが、GHQは二月一三日、日本政府に対して民政局作成の憲法案を提示したのでした。

この憲法案を提示するに当たり、GHQ民政局長ホイットニー[32]は日本政府に対して、「松本案」は全く受け入れ難いこと、この憲法案を押し付ける考えは全くないこと、天皇を擁護するためこれなら大丈夫と考える案を作成したものであること、最近の日本の情勢から見て、この改正案は日本の民衆の要望に合致するものと信じていること、また、この案に込められた諸原則を国民に示すべきであり、日本政府がそれをしなければ、GHQ総司令官がそれをするつもりであること等を述べたことは、日米双方の記録から明らかであると言われます。[33]

GHQが、「これは決して押し付けではない」と言明していることは、民主主義を血肉において知っておれば、当然のことです。民主主義的平和憲法が制定されるためには、国民の中から湧き出る仕方でその憲法が制定されることが大事であることは、言うまでもないからです。しかも、連合国側が戦争とその勝利の歴史的意義を後世の国際世論の批判に耐え得るものにしようとしたとき――歴史の批判に耐え得るものであるときにこそ、真の勝利ですから――、戦後日本の憲法は民主主義的に国民の総意から出るものでなければならないと考えるのは当然だからです。

事実、アメリカ本国からもGHQに対して、決して押し付けてはならないこと、日本国民が将来押し付けられたものであることを知れば、これを支持する可能性は著しく低下するだろうからであるとの指示があったと言われています。[34]

もっとも、GHQの新憲法草案の提示は、極めて強い示唆でした。GHQ側は、「この憲法草案を日本政府が受け入れなければ、GHQは直接に国民に発表する」と言ったのです。民主主義的なこの憲法草案は日本国民に必ず受け入れられ、歓迎されることを、GHQは見抜いていたのです。

事実、先のスクープされた委員会案（いわゆる松本案）に対する国民の評価は極めて低く、マスコミはいっせいにこれを批判しました。しかも、それ以上に、既に民間には、憲法改正を巡る研究や発言があり、特に、民間の憲法研究家・鈴木安蔵[35]等を中心とする憲法研究会が作成した「いわゆる憲法研究会案」と言われる憲法改正案が発表されていました。そして、この改正案のほうが「松本案」よりはるかに――「松本案」があまりにもひどいものなので、比較にならないのですが――優れたものでした。すなわち、明治憲法と全く異なる民主主義を目指すものだったのです。明治憲法体制の結末が「大日本帝国」の破産の敗戦であった以上、民主主義体制を目指すのは当然のことで、敗戦後の在野の識者の中にはそのような憲法案を「この機会にこそ」と考える人々がかなりいたのです。このことを、GHQはよく知っていたのです。その意味でも、「押し付けられたもの」と単純に言うことは決してできません。

実は、このような民間の動きは、日本政府も十分気づいていたはずであり、それゆえ、GHQの「国民に発表する」との発言を受けて、日本政府はこのGHQ案に沿う憲法改正へと動かざるを得なくなったのでした。

しかも、この時期、前述の改正選挙法により女性も選挙・被選挙権を認められる帝国議会衆議院議員総選挙が近く予定されていましたから、GHQもその前に日本政府に新憲法案を公表させ、その選挙による議会が憲法制定議会となるようにと考えたであろうと思われます。日本政府は総選挙の前には改正要綱だけを発表しましたが、急ぎ帝国憲法改正案を準備し、総選挙後に招集された帝国議会に上程しました。このように、総選挙を経た議会で審議制定することは、国民主権を基本原則とする新憲法の制定である以上、当然のことであり、新憲法は国民の代表者がこれを審議し、制定したと言えるものとなったのでした。もっとも、新憲法案が事前に公表され、それを巡って総選挙が行われたのであれば、なお、良かったでしょうが、改選されたのは衆議院だけであって、貴族院はそのままでしたから、この時の帝国議会は憲法制定議会に十分ふさわしいとは言えないものでした。

ともあれ、このように男女平等の普通選挙法により構成された議会において、かなりの時間と自由な議論を経て制定されたものである以上、この憲法を「押し付けられたものである」との一言で否定し去ることは、当時の総選挙と議会を全く軽視する態度と言えましょう。第一、いわゆる押し付け論は、日本国憲法制定をもって新日本の出発のための最重要事と受け止め、憲法制定の経緯とりわけ国会審議に注目し、喜んで日本国憲法を受け入れた国民大多数の意向をあまりにも無視するものと言わねばなりません。あの頃は、戦後の混乱期の中で国民は皆生活に追われ、憲法のことなど関心がなかったのだ、などとさも当時の国情を分かっているかのように言う人がいますが、あの戦前戦後の時代を生きた者たちの貴い体験的知見を踏みにじるものと言えましょう。

もちろん、ポツダム宣言受諾の経緯と憲法改正に関する当時の政府の腰の重い動きから見ても、当時の政府ないし政治支配層の政治意識が短期間に一新され、民主主義憲法制定の姿勢に鮮やかに切り替わったというわけではありません。むしろ、当時の政治の中枢は、一番肝心の国民主権だけは回避して憲法に明記しないようにしようと企んだようです。

そのことを物語るものとして、注目すべきことは、GHQ草案を受けて政府が作成した憲法改正案（新憲法案）には、天皇大権を廃して国民主権にするという国の在り方の抜本的変革を明確にせずに済まそうとする巧妙な仕掛けが潜んでいたことでした。それは、政府が帝国議会に提案した憲法改正案には、現在の憲法前文や第一条（天皇の地位、国民主権）に明記されている「主権は国民にある」ということを明示するものがなく、ただ第一条に「天皇ハ日本国民至高ノ総意ニ基キ」とあるだけだったのです。これは、GHQ草案にあったsovereign will of the Peopleを巧妙に用いたものでした。

実は、憲法改正につき帝国議会で最も問題になったのは、天皇大権から国民主権へと「国体」は変わったのかという点であり、一部に国民主権を明確にすべきであるとの質問がありましたが、質問の多くは天皇大権の国体を変えてはならないとの姿勢からなされたもので、答弁する政府もまた、この翻案を下地に巧妙にこの質問をはぐらかしながら、国体は変わらないかのごとき答弁を繰り返していました。そのうちに、GHQはこの翻訳の問題性に気づきます。そして、日本政府に対して強硬に「国民至高ノ総意」ではなく「国民主権」を明記すべきことを迫ります。そして結局、与党の提案の形で、現憲法のように国民主権を明記することになりました。帝国議会における審議中になされたこのような政府とGHQのやり取りは、当時の政治支配層――国民ではなく――が押し付けられたことを示しています。国民主権の新憲法は、天皇大権の国体にこだわって、国民主権を曖昧なものにしておこうとした政府ないし政治支配層の者たちが押し付けられたのであって、国民が押し付けられたのではありません。

国民主権を真っ向から否定する天皇大権中心の憲法とその下で進められた大戦において、「一旦緩急アレバ義勇公ニ奉ジ」として戦争に駆り立てられ、治安維持法等によって思想良心の自由を否定され、国家総動員体制に縛り付けられ、そして戦争の惨禍を全面的に被った国民にとっては、国民主権の憲法は戦争の惨禍の代償として当然のものであり、基本的人権を中核とする民主主義・平和主義の憲法をこそ求めていたものと言うべきでしょう。今日なおまことしやかに、この憲法は占領下に作られたもの、占領軍に押し付けられたものと説くところの押し付け論は、この国民と憲法の関係に泥を塗る曲論・愚論というべきでしょう。

その上大事なことは、この憲法の下で八〇年間その基本原理・原則を貫きかつ生かしてきたわが国の歴史を否定してはならないということです。

日本国民は、敗戦後の国家としてのいわばゼロとも言うべき状態から出発して、この憲法に基づいて国民が一つとなって国内外の諸関係につき協力して今日に至っています。何と言っても、各人の基本的人権の保障の確保、主権者である国民の福祉のための政治、そして平和主義に立つ国際的協調を新憲法の下で追求していくべきであるという国民の素朴ながら真っ当な自覚と念願、それが今日の日本を作り出したのです。現憲法の原理と精神は、私たち日本国民の社会的政治的なものの考え方そのもの、すなわちわが国の国家としての存立のバックボーンになりきっていると言うことができましょう。「押し付けられた」ということは当時の政府の動き、特にその表層面においては前述のように当時の政治支配層にとっては一つの事実ですが、国民がこの憲法を血肉にしてきたところに今日の日本があるという事実こそ真実であり、それはまた、日本と私たち一人一人の将来を考えるとき、決定的に重要なことなのです。

（4）第九条押し付け論の誤謬《ごびゅう》と危険性

以上の確認の上で、憲法第九条「戦争の放棄」こそ「押し付けられた」のではないかという意見につき、述べておきます。押し付け憲法論が最終的に狙っているのは、基本的人権の骨抜き――このことはあまり言われていませんが、平和主義原則とも関連して極めて重要ですので、後で取り上げます――であるとともに、憲法第九条の換骨奪胎を図るところにあること、それは戦後長く続く政権政党が執拗《しつよう》に主張してきたことであることは、本書を読む皆さんなら十分ご承知のことと思いますが、日本人が平和について考えるとき、この主張が誤りであり、まさに為にする主張であることを明確にしておくことは、極めて大事であり、本書の目的の一つです。これまで押し付け憲法論を批判してきたのも、この点にありますから、ここで論じておくことにします。

この戦争放棄の押し付け論には、当時のアメリカの世界戦略から推して、また前述のマッカーサー三原則に「戦争の放棄」が明確に出ていることからも、説得力があるように見えますが、実は、そのマッカーサー自身が、アメリカ議会上院における証言において、当時の幣原《しではら》喜重郎首相[36]がマッカーサーとの会談の際に「戦争の放棄」を憲法に定めることを提議したのだと言っています。この証言が載った書籍を以下で紹介した上で、この証言とその周辺事情について述べておきます。

昭和二七（一九五二）年に発行された『帝国憲法改正審議録――戦争放棄編』（新日本法規出版）という当時としては極めて重厚な装丁の書籍があります。これは、編者は参議院事務局であり、当時の首相・吉田茂[37]が題字と序文を書き、参議院議長、元貴族院議長、法務総裁（現在の法務大臣）等も序文を連ねて、かなり力を込めた出版物でした。内容は、書名が示すように、昭和二一（一九四六）年の憲法改正案（新憲法制定案）の審議を行った第九〇回帝国議会の記録のうち、平和主義と戦争放棄に関する質問・意見及び政府説明などすべての発言録を編集した記録です。全体は、審議経過及び審議要録、戦争放棄の論理構造及び附録の三部から成っており、索引まで含めると六八〇頁になる大冊です。当時の議会においてどのような議論を経て、現行憲法が制定されたかにつき、本書によらずして、あれこれ言うことはできないと言うべき記録書です。なお、二〇一七年に『復刻版　戦争放棄編』（寺島俊穂編、三和書籍）が発行されています。本書の一部抜粋の翻刻版であって、本書の附録は省いてありますが、これでも十分ですから、参考にしていただきたいと思います。

さて、前記のマッカーサーの証言は、本書の附録編の「八、米上院におけるマックアーサー元帥の証言」（田村幸策訳）に載っていますので、その一部を次に挙げておきます。「『……日本人は、彼等自身の意志によつて、戦争を非合法化する規定を憲法に書き込んだ。幣原首相が私を訪ねて来て曰く「私は長い間この問題を解決する唯一の方法は戦争をなくすることであると考えもし、信じもしていた」と。『幣原は極めて賢明な老人で最近死んだ。『幣原曰く「私はこの問題を軍人たるあなたに提議することには大いに躊躇した。何となれば私はあなたがそれを受諾してくれないのではないかと信じたからである。しかし私は現在我々が起草しつゝある憲法のうちにかゝる規定をもうけることに努力したい」と。』……『そこで私は立ち上つて老人と握手し、それこそ能うかぎり最大の建設的措置の一つであると思うといわざるを得なかつた」[38]。

実は、このマッカーサー証言は、「戦争の非合法化」という表現が出てくるように、日本国憲法の戦争放棄条項が占領軍から押し付けられたものかどうかという問題よりももっと大きい問題、すなわち世界の平和のために戦争を無くすことに取り組むという問題――私自身がこの小文において今論じつつある問題の核心にあるもの――に関する上院での証言でありますので、後でまた取り上げることになりますが、その中で、前記引用のように述べたと報道されているのです（日本タイムス一九五一年五月七日所載・ワシントン発、五月六日付共同＝AP通信）。

戦争放棄条項を設けることにつきイニシアチブをとったのは幣原かマッカーサーかという問題は当初からあったようですが、実は、審議録はこの問題への解答をその冒頭に掲げているのです。本書の扉を開くと、その冒頭にあるのは、幣原喜重郎の「軍備全廃の決意」と題する五頁ほどの論文です。前述の吉田首相の序文はその次に載せられています。この幣原論文は、彼の『外交五十年』（読売新聞社、一九五一年）という著書に載っているもので、それをあえて本書の冒頭に転載しているのです。この論文の中心部分はさらに先に行ってから紹介することになりますが、このイニシアチブの問題に関する部分だけ紹介しておきます。

「私は図らずも内閣組織を命ぜられ、総理の職に就いたとき、すぐに私の頭に浮んだのは、あの電車の中の光景であった」[39]。幣原は戦前に外相を二度務めて、アメリカやイギリスとの協調外交を進めましたが、大陸への侵略を進めたい軍部が政治に圧力をかけ始めますと、軟弱外交と非難され、敗戦時は無役になっていまして、あの八月一五日、天皇の終戦詔勅の放送を聴いて一人で帰る電車の中で、民衆の怒りの声を聞いたのです。「おれたちは知らん間に戦争に引入れられて、知らん間に降参する。自分は目隠しをされて屠殺場に追込まれる牛のような目に逢わされたのである」と、一人の男が泣き叫ぶと、「そうだそうだ」と車内は大騒ぎになったという光景です。[40] 彼は書く。「これは何とかしてあの野に叫ぶ国民の意思を実現すべく努めなくちゃいかんと、堅く決心したのであった。それで憲法の中に、未来永ごうそのような戦争をしないようにし、政治のやり方を変えることにした。つまり戦争を放棄し、軍備を全廃して、どこまでも民主主義に徹しなければならんということは、外の人は知らんが、私だけに関する限り、前に述べた信念からであった。それは一種の魔力とでもいうか、見えざる力が私の頭を支配したのであった。よくアメリカの人が日本へやって来て、こんどの新憲法というものは、日本人の意思に反して、総司令部の方から迫られたんじゃありませんかと聞かれるのだが、それは私の関する限りそうじゃない、決して誰からも強いられたんじゃないのである」[41]。

この論文の後に「編者注」が付いていて、マッカーサーは幣原との会談中にこの幣原の真意を知り、自信をもって前述のマッカーサー・ノート（マッカーサー三原則）に戦争の放棄を書き入れたのであろうとの入江俊郎・元最高裁判所判事[42]の論文が引用されています。[43] いやさらに言えば、編者すなわち参議院事務局がこの審議録を編集刊行し、その冒頭に幣原論文を掲げたのは、この論文こそ戦争放棄の真意を理解するカギになるものと考え、それを示したかったものと思われます。そのことは、さらに考察を進める中で考えることになりましょう。

ともあれ、私の当時の記憶をたどってみても、幣原の主張ほどに明確ではないにしても、それに類する発言は、公刊されたもの以外にも、まさに庶民の間のいろいろの形の発言においてなされていたことを思い起こします。そして、多くの日本国民は第九条を積極的に受け止めたのだ、と考えています。少なくとも、マッカーサーの三原則から直ちに、新憲法制定に当たり日本が全く受け身で嫌々ながら押し付けられたということであるかと問えば、それは「否」と断言されなければなりません。

まず、当時は、大戦前にも国際的には不戦条約の締結があり、他国の立法にも、第九条ほど徹底したものではありませんが、戦争放棄の条項は現れてきていました。そして、民間からの憲法改正に関する発言にも、戦争放棄を掲げるものがありました。そのような中で、新憲法制定の議会での審議において、ＧＨＱ案及び政府原案にはなかった一文、すなわち「日本国民は、正義と秩序を基調とする国際平和を誠実に希求し」を第九条の冒頭に加えるという修正を行って、前文の平和主義の原則と表現の上でも結び付け、徹底した平和主義に基づく戦争の放棄であるとの姿勢をより積極的に打ち出すに至るのです。

戦争放棄の条項こそ、平和を追求すべきことを痛感した大戦後の憲法改正作業において、幕末の開国から今次の大戦を引き起こして亡国の深淵を覗《のぞ》くまでに至った日本の歴史を振り返って国のあるべき基本を直視する中で、日本国民の中に当然現れるべくして登場したものと言えましょう。

国民主権と基本的人権尊重は、近代市民社会が独裁者の圧政と戦い、血を流して闘い取った国家の在り方の基本的原理であり、当時既に民主主義国家の常識でありましたが、日本国憲法は、戦争の放棄を憲法に明記して宣言した点において、時代の先頭に立つものとなったのです。それは、一般庶民の心底にある願いが自ずと発露したものであったと受け止めるべきでしょう。戦後七十数年間、この戦争放棄の条項を日本国民が大事にしてきたことは、そのことを物語っています。

このように考察し、このことを自覚するとき、「押し付け憲法」論は、このような大事な認識に対する目つぶしとして語られてきたものというほかないのではないでしょうか。

それとともに、次のことをよく認識しておくべきでしょう。

実は、「押し付けられた憲法」と言う言い回しが盛んに言われるようになるのは、戦後一〇年以上経《た》ってからのことなのです。かつて岸信介[44]という政治家がいました。安倍晋三という政治家が最も尊敬したその祖父です。岸は、戦前には日本陸軍（関東軍）の独走による傀儡国家・満州国の経営において、統制経済等の指導的官僚として辣腕《らつわん》をふるい、さらに米英に対する開戦時の商工大臣となって大戦遂行に当たったのですが、戦争責任を問われ、また公職追放を受けます。しかし、講和条約による追放解除を受けて政界に復帰し、保守政党を動かして首相となり、現在の安保体制を強引に作りあげたことは、いわゆる六〇年安保闘争とともによく知られているところですが、彼はこれと併行して憲法改正を目指して、昭和三一（一九五六）年、内閣のもとに憲法調査会を設置します。

それに先立ち岸信介を会長として設置された自由党憲法調査会において、前に述べた松本烝治が一九五四年七月に証言し、ホイットニーが「これ（GHQ案）がなければ天皇の身体の保障をすることはできない」とGHQ案の受け入れを迫った、と述べたとされています。日本国憲法がGHQの押し付けだとする主張がされることになったのは、この松本証言が発端だと言われています。[45] 松本烝治という人は、東京帝国大学法学部で商法講座の教授だった人で、日本の商法学を打ち立てたと言われていますが、法律の議論に大変強いことで有名だったようです。定年前に実業界（南満州鉄道＝満鉄）に転じて政界にも繋がりがあり、戦後の幣原内閣の国務大臣として憲法問題を担当していました。世界の憲法史や憲法学理論、とりわけ民主主義国家の憲法にどれだけ通じていたかは分かりませんが、松本にとってGHQ草案は法律の素人の作文にすぎなかったようで、彼は、GHQ案の起草者たちが「全然議会制度を知らない」と語っていたと伝えられています。[46] それだけに、戦後政治の進展の中で、新憲法が制定された時には、憤懣《ふんまん》が残ったでしょうし、憲法改正をもくろむ岸信介を会長とする自由党憲法調査会への証言者として招かれたときには、「押し付け憲法」と評してその鬱憤《うっぷん》を晴らしたもののようです。

戦後の民主主義的改革とその根底にある新憲法体制を何とか崩そうとする政治勢力は、この押し付け憲法論に飛びついたのです。いわゆる自主憲法制定の主張です。

しかし、押し付け憲法論者が押し付けられた憲法を廃止しようというのであれば、押し付けた側のアメリカの力を排除して、自立した外交を貫くというのでなければなりません。そうであればその政治姿勢は首尾一貫するのですが、実際はそうではない。押し付けられたと言いながら、それではアメリカに対して自立・非依存の姿勢を取るかと言えば、そうではなく、むしろますますアメリカ依存の姿勢に傾き、しかも、アメリカの核の傘の下にある日米同盟の保持・推進に腐心し、かつその体制での軍備増強による安全こそ平和維持であるとする政策を一貫してきたのです。

この矛盾に気づいてか、最近は押し付け憲法論または自主憲法制定論はあからさまに揚言されることは少なくなってきているように見えます。しかし、それは、他方、少数政党からも存在感を高めるため、論点は多様ですが、憲法改正を論じるべきであるとの声が上がり始め、憲法改正を正面から主張する政党が多くなってきていることのゆえであり、そのような状況になってきて、憲法特に第九条の改正論者が押し付け論を主張しなくても憲法改正論議を推進できると考え始めたことのためでありましょう。

しかし、押し付け憲法論につき批判的考察を加えることにより、現憲法の積極的改正論者がどのような思想的基盤に立っているかが見えてくるので、私は、以上かなり長く押し付け憲法論を取り上げて論じたのです。すなわち、押し付け論の延長上にある憲法改正論者の思想的根底には、国民主権につき前述のように「国民至高」の表現を用いたり、最近では天皇を「元首」と憲法に明記することを主張して（自民党憲法改正案。これに対する批判は後述）、国民主権を曖昧にすることを狙ったり、基本的人権を国家の在り方の中核的位置から外して極力希薄なものにし、国際的平和構築への努力の積み重ねにより国民の自由と福祉を守ろうとする姿勢ではなく、核の傘の下での軍事的同盟の強化つまり軍備増強への方向に国民の目を向けさせようとしたりするなど、憲法の基本原則そのものを曖昧にし、薄め、弱めようとする姿勢があるということです。

私たちの平和憲法を堅持することこそ、日本国のみならず世界の平和に貢献すること——既述のように、これが日本国憲法の真の念願——ですから、押し付け論によってその堅持を歪めようとすることは決して看過してはならないのです。押し付け論批判にかなりページを割いたのはそのゆえです。

7. 核の時代と平和論

(1) 核の脅威と平和を創り出すこと

現実的視点に立つゆえに防衛力を増強し、そのためには憲法(特に第九条)の改正も考えなければならないとする主張につき批判的に述べてきましたが、二一世紀の平和と日本国民の安全・福祉を自覚的に考えようとするとき、何よりも、地球を覆う核兵器の脅威を見据えて、そこから平和を追求する姿勢こそ、現実的というべきでありましょう。一挙に人類の破滅あるいは地球の破壊をもたらす核戦争こそ、最大の現実的脅威であって、日本はこれに対処するために、どう取り組もうとしているのでしょうか。

この問題は、他のすべての現実的問題に勝って、いわば絶対的に重要な解決必須の課題です。

核兵器は、人類の手で人類に終末をもたらす危険を蔵しています。人類は、国家その他の武装団体の存在を許しつつ、核兵器を完全に国際的に平和裡《り》に管理し得ると言い切ることができるでしょうか。核兵器は作ろうと思えばいずれの国でも可能なことですから、核兵器の製造禁止や核兵器の共同管理体制を作っても、それで足りることではありません。一言で言えば、絶対に戦争を引き起こさない世界が作れるかという問題こそ解決必須の課題なのであって、そのことを核兵器の絶対的危険性が人類に問い詰めているのです。

そして、この問いの前に真摯《しんし》に立つ者は、この創られた見える世界の終末について考えることなしには、その思考を進めることができない、ということなのです。こう申し上げることに異論を立て得る主張はあり得ないと思います。

しかしまたそれゆえにこそ、二一世紀に生きる者にとっての「平和」とは、私たち人間がまさに「生まれ変わって」平和を創り出すべく取り組まなければならない課題というべきものなのです。なぜ「生まれ変わって」との厳しい表現を用いたかについては、後で取り上げたいと思います。ともかく、平和とは「守るべきもの」ですが、守ろうと揚言できる平和は「創り出さなければ存在しない」のです。平和は創るべきものなのです。しかもそれは全人類的に不断に取り組むべき営為によるのであり、そしてその根底には、平和を創り出すとは平和を祈念し、真の平和を求める終末観に立つ戦いなのだとの共同の認識が不可欠なのです。少しくこのことにつき考察を進めていきたいと思います。

今日、地球は核兵器に覆われています。その脅威の前に私たち人類は、そして地球は、まるで無力な赤ん坊のような状態に置かれています。このように言うことは言い過ぎではありません。この事実は、誰でも知っていることです。

国際的に公然と核兵器を保有することを認められている国は今日、五カ国。しかもこれら五カ国は国連安保理事会の常任理事国で、自国の利益のためならばいつでも安保理事会決議を拒否できるいわゆる拒否権を持っています。国連中心の平和外交が大事と言われますが、この国連安保理の構造的な弱さないし歪みは覚えておかなければなりません。つまり国連もまた、核の傘に覆われているのです。しかも、他に隠れた核兵器保有国がさらに数カ国あることは、かなり知られていることでしょう。それらの核武装国の核兵器の推計的総量は地球を何度破壊しても足りないくらいに達していることは、今日の常識と言ってよいでしょう。この核兵器の地球規模での脅威こそが、私たちの平和問題にとって決定的に重大なことなのです。

いや、少し先を急ぎますが、その重大性は核兵器そのものに潜むのではありません。核兵器そのものは単なる「物」です。しかし、それが人間の手の内にある限り、人類と地球の絶滅を現実化させる危険性を持つということなのです。

『渚にて』という映画[47]があります。何年か前になりますが、ふとテレビをつけたところこの映画の何度目かの放映がたまたまなされていました。「あ、これは『渚にて』じゃないかな」と思って見ていると、グレゴリー・ペックやエヴァ・ガードナーが出てくる。やはりそうでした。この映画は、要するに核戦争が起こって、地球が全部汚染されてしまう。北半球から空気が汚染されて、生命の絶滅がだんだん南に及ぶ。たまたま南半球に出ていたアメリカの原子力潜水艦に乗っていた連中だけは、生き残っている。北は死の世界というものすごい状況らしい。その状況を目で見ようと、その潜水艦はアメリカ太平洋沿岸に向かうのです。行き着いたところには何もない。ただ、一見きれいな渚が広がっているだけ。その潜水艦の中に生き残った者たちが、「誰がこんな戦争を起こしたんだ」と話し合う場面があります。そのとき、汚染調査のため乗り組んでいた一人の科学者が「アインシュタインだよ」と言うのです。ある乗組員が「冗談でしょう」と言うと、その科学者は「この戦争を始めたのを誰だと私が思っているか、君は本当に知りたいのか」と言い、他の乗組員から核戦争の原因を重ねて問われると、科学者はこう答えます。「自殺せずに用いることがどうしてもできない武器で自衛する準備を整えることによって平和は維持され得る、という馬鹿げた原理を人々が受け入れた時に戦争は始まった。誰もが原子爆弾と数々の反撃の爆弾と数々の再反撃の爆弾を持った。これらの装置は我々の身の丈に合わなくなった。我々はこれらの装置を制御することができなかった。神にかけて言うが、私はこれらの装置を作るのを手伝ったのだ。どこかで、誰か哀れな奴《やつ》が、おそらく、レーダーの映像を見て、何かを見たと思ったのだろう。彼は、もし、自分が千分の一秒でもためらったなら、自国が地上から消し去られるだろうということを知っていた。だから、彼はボタンを押したのだ。そして、世界は狂ってしまった」[48]。

今日、核兵器を所有する国々が互いに覇権主義的姿勢を示し、核兵器に対する反撃と再反撃の準備をしているのですから、この科学者の発言は真実を突いています。現在と将来の人類に対する真実の警告です。今日、この警告を無視してよいと言い切れる人は、絶対にいないと思います。もし、この警告を無視した発言をする人がいた場合、それは何かの方便のためであり、あるいは別の魂胆があってのことでしょう。その真実をかけて、この警告を無視してよいと言い切れる人はいません。

先に戦争の放棄は連合国のGHQから押し付けられたものではないことを述べ、マッカーサーもそれは幣原首相が発言したのだと証言していることに触れましたが、その上院でのマッカーサーの証言は、幣原の発言についてだけでなく、戦争の非合法化についての彼自身の見解を述べたことに意義があるものです。そのところを、少し長いですが、引用しておきます。

……民主党上院議員ブライエン・マクマホン（Brien McMahon）[49]は「将軍[50]は世界の問題を解決すべきフオムユラ〈フォーミュラ〉を発見すべき何等かの希望をもつているか」とその見解を求めたところ将軍は答えて曰く「それは戦争の廃止である。それを完成し得るまでには長い年月を要すること勿論である。しかし諸公はそのスタートを切らなければならない。中途半端な代用品はありえない。」

将軍曰く、「この基本的問題即ち戦争の非合法化と取組むことが早ければ早い程良い。

「私はそうしなければならないと思う。その立派な証拠は日本にある。諸公は広島と長崎のことをお述べになつた。日本国民こそ世界の如何なる国民よりも原子戦争が何を意味するかを理解してゐる。日本人にとつて、それはアカデミツクな問題ではない。彼等にとつては死者を数え、死者を葬つた問題であつた。日本人は、彼等自身の意志によつて、戦争を非合法化する規定を憲法に書き込んだ。……〈中略。幣原が訪ねて来て戦争放棄の見解を述べたとの前述の証言がここに続く〉

……「……私は幣原にいつた。世界はあなたを愚弄するかも知れない。……また世界はそれを受諾しないかも知れない。又それは嘲笑の的であるかも知れない。現にそうであつた。またそれを貫徹するがためには偉大な精神的根気を必要とする。

そうして最後にはそれを持ちこたえ得ないかも知れない。しかし、私は幣原を激励しその規定は憲法に書き込まれた。若し憲法の規定にして日本国民の一般的な感情に訴えるものがありとすればそれはこの規定である。日本人は数世紀にわたつて戦争を続け、しかもそれに成功してきた武勇に富んだ民族である。しかし、原子爆弾が彼等に教えた偉大な教訓は理解された。しかもかれ等はその教訓を適用せんと試みつゝある。

「今や世界は過去二回の戦争を省みる場合、昨日私が明かにせんと試みたことを理解するに足る常識を持つている筈である。即ち私自身の考によれば若し彼等がこの型の戦闘[51]に従事するならば近代文明に対する自殺の方法になるということである。それ故に、私は、時は我々にとつて失われつゝあると信じている。……[52]」

ここには、アメリカ軍最高司令官を務めた軍人の内なる真実が語られていると思います。核兵器の恐るべきことを真に認識していた者であるにもかかわらず原子爆弾を落とすことを総指揮官として直接に指令し、その被害の惨状を、武器としての効果確認の立場から見た者の発言なのです。世界的平和のためにこの無残な戦争を遂行すべきものと確信して、太平洋戦争を遂行し、戦争終結のためには原爆まで投下した。それは大統領の命令に基づくとは言え、原爆被爆の惨状につき彼もまた最も重大な責任を負わねばならないことは言うまでもありません。その人類史的責任の重荷を覚えつつ、彼は証言しているのです。そして、その責任を果たすためには、核兵器の非合法化だけでは足りない。戦争そのものの非合法化が全世界的に進められるべきである、と。その責任を覚える者の心からの発言なのです。

このマッカーサーの証言に相応じて、私は、先に紹介した幣原喜重郎の平和への念願とその戦争の放棄の決意をその遺文からここに引用しておくべき責務を覚えています。これは過ぎ去った過去の文章ではありません。歴史は、私たちに今日これをどう受け止めるかと、その誠実な応答を迫っているのです。抜粋ですが、ぜひ二一世紀の友に読んでほしいと思い、ここに抜き書きしておきます。

戦後の混とんたる世相の中で、私の内閣の仕事は山ほどあつた。中でも一番重要なものは新しい憲法を起草することであつた。そしてその憲法の主眼は、世界に例のない戦争放棄、軍備全廃ということで、日本を再建するにはどうしてもこれで行かなければならんという堅い決心であつた。

……〔幣原は敗戦の日、電車の中で民衆が騒ぎだす声を聞いたことをここに記している。一人が叫ぶ〕「……おれたちは知らん間に戦争に引入れられて、知らん間に降参する。自分は目隠しをされて屠殺場に追込まれる牛のような目に逢わされたのである。怪しからんのはわれわれを騙し討ちにした当局の連中だ。」と……車内の群集もこれに呼応して、そうだそうだといつてワイワイ騒ぐ。

私はこの光景を見て、深く心を打たれた。……われわれの子孫をして、再びこのような、自らの意思でもない戦争の悲惨事を味わしめぬよう、政治の組立から改めなければならぬということを、私はその時深く感じたのであつた。

……それで憲法の中に、未来永ごうそのような戦争をしないようにし、政治のやり方を変えることにした。つまり戦争を放棄し、軍備を全廃して、どこまでも民主主義に徹しなければならん……

軍備に関しては、日本の立場からいえば、少しばかりの軍隊を持つことは、ほとんど意味がないのである。……〔軍隊を持てば〕……だんだんと深入りして、立派な軍隊を拵えようとする。戦争の主な原因はそこにある。中途半端な、役にも立たない軍備を持つよりも、むしろ積極的に軍備を全廃し、戦争を放棄してしまうのが、一番確実な方法だと思うのである。

も一つ、私の考えたことは、軍備などよりも強力なものは、国民の一致協力ということである。武器を持たない国民でも、それが一団となつて精神的に結束すれば、軍隊よりも強いのである。[53]

幣原は核戦争には触れていませんが、戦争放棄の意志は明確であり、前記のマッカーサーの証言に相応します。実は、彼は、一九二八年、あの不戦条約をまとめ上げたパリ会議に日本代表部の一人として出席しているのです。一時の感情と思いつきで前記の決断をし、またそれを書き残したのではないと認識すべきでしょう。問題は、それを現在の政治家や私たちが、それぞれどれだけ誠実に聴き、その心の底にどこまで深く受け止めるかなのです。

(2) 核の傘と唯一の被爆国・日本

改めて自分に問うてみましょう。今日、私たち日本国民は、世界で唯一の被爆国でありながら、また自らは人間としての自己の存在を絶対に否定されてはならない貴い存在であるにもかかわらず、その上、いかに戦争とはいえ、まことに多くの身近の同胞を虫けらのごとくにあまりにも惨《むご》たらしい仕方で一挙に「大量殺戮」をした原子爆弾の惨禍を見ているにもかかわらず、その原爆投下をした国の核兵器の傘の下に入っており、そのため、核兵器保有国間の緊迫した国際関係の中に組み込まれています。しかもその核兵器の管理には関与できず、核の管理がどのように行われているかもよく分からないのに、これで平和が保持されているのだと本当に納得しているのでしょうか。深く考えもせずに、政治指導者たちが言うのだから、マスコミはじめみんながそう考えているようだから、この状態を保持し続けることでよいのだと思い込んでいるだけなのではないでしょうか。これほどに核兵器の危険性に鈍感になってしまっていてよいのでしょうか。「これでよいのだ」と言うのは、核抑止力の幻想に真実を見る目が曇らされているからではないでしょうか。しかし、まさにこの幻想が真の平和構築を追求することをいいかげんなものにしている、と言わなければならないのです。

現実の国際政治は確かにそんなに甘いものではありません。本音を剝き出しにすれば、いやそれを剝き出しにした大国の発言が時々見られますが、圧力・恫喝《どうかつ》と取引の外交であり、一九世紀の帝国主義的覇権主義と植民地取引の焼き直しが、核抑止力を操りつつ、二一世紀の今日も続いているのです。

それでいて、核兵器のボタンを、先手を打って押すことは決して勝者になることではありません。核戦争になれば、皆無残な敗者になるのです。その意味で、核兵器を所有する国の指導者が最も強く核兵器の恐怖を覚えていてほしいですし、いや覚えざるを得ないはずです。オバマ大統領が、核兵器削減交渉を推進したのも――それによりノーベル平和賞を受賞しましたが――、国際平和のカギを握る超大国の大統領としてある意味で当然なのだと思います。

このような中で、先の安倍晋三内閣は、核武装している国との集団的自衛権による共同防衛を保持・強化すればわが国は安全であり、それが平和政策の要なのだと主張し、これは国連憲章（五一条）にいう集団的自衛権の行使であるから広く認められているものであり、しかもこれは米国に従属することではなく、対等になることであるとの主張を前面に出し、結局は米国の核の傘の下にある状態の恒常化を図ったのでした。しかし、見逃してはなりません。全く対等ではない日米地位協定はそのままにしているということを。こうした政権政党の強引な主張に引きずられて、国政は動き、その既成事実の前に国民は納得しているような空気が支配しています。

しかし、核武装しているその大国は、同じく核武装する大国と対峙《たいじ》していて、自国の国際的覇権ないし防衛力保持のためにその防衛網の最先端基地として――地政学的にそれは一目瞭然――わが国を位置付けているのですから、わが国の防衛は、その国の外交防衛政策及びそれを支える財政政策の如何により左右されるという不安定さはかえって一層高まったとも言えるのです。安易にこれで大丈夫などと決して言えないものであるはずです。
しかも、それ以上にこのような核の傘による平和論、いや安全論は、核兵器による地球規模の危機という現実を直視することをぼやかしてしまうというところに決定的な危険性を秘めているのではないでしょうか。核大国との集団的自衛と称して、結局は核の傘を維持強化して、核武装大国間の国際的対立状態を固定させて、核兵器廃止という全人類的課題への取り組みを阻害するこのような外交政策をもってよしとして、その上に安住することは、人類と地球を破滅に向かわせる悪魔のささやきなのではないでしょうか。冷静に考え、見抜いていなければなりません。

平和を考えるとき、最も大事なこととして、人間通有の悪魔性または悪魔の誘惑に対する根本的な弱さの認識が肝要であることについてはひとまず措《お》きますが、核兵器こそ地球大の危険をもたらすことが必至であること、そして日本はその核の傘に依存していること、このことは安保体制によって専守防衛に限定しそれに専念すると口でいくら言っても、核兵器であるがゆえの危険というダモクレスの剣の下に置かれていることに変わりなく、深刻なのです。

ダモクレスの剣というのは、おべっか使いのダモクレスが王の幸運を誉《ほ》めそやしたのに対して、王が彼を王座に座らせてその頭の上に抜き身の剣を一本の毛髪で吊《つ》るして供応して、王者は常に危険に囲まれていることを悟らせたという古代ギリシャの故事によるもので、一触即発の危険の下に常に置かれていることを示す言葉ですが、特にケネディ大統領[54]がその国連総会での演説で偶発核戦争の危険につきこの故事を用いたことは有名です。

核武装している国の核兵器のボタンにかかわっている者の誰かに悪魔のささやきがあり、それに魅せられて核兵器のボタンを押せば、ダモクレスの剣は落ち、後は関係国政府がどんなにあがいても、世界の破壊と人類の死滅への連鎖反応が止まらなく進むのです。核戦争で残り得る国はないのです。決してないのです。前に紹介した『渚にて』が現実となるのです。

（3）核兵器禁止条約と日本――いわゆる「橋渡し論」の問題性

日本が核兵器というダモクレスの剣の下に置かれているということを、いたずらに不安を煽《あお》る言動だと受け止めないでください。事実なのです。広島・長崎以降、その危険性は高まり続けているのに、そしてほとんどすべての人がそのことに気づいているけれども、特に政治の責任を負う人たちが口に出さないだけなのです。

その上、世界が、そして日本がこのようなダモクレスの剣の下にあるにもかかわらず、わが国の政府は、二〇一七年に国連総会で採択された核兵器禁止条約に対して、核保有国とともにこれに反対する姿勢を採っています。[55] これこそ、平和憲法の基本原理である国際平和主義に正面から反していることと言わざるを得ません。
二〇一六年一一月二四日、平和首長会議（会長は当時、松井一実広島市長）の国内加盟都市会議が、核兵器禁止条約の早期実現に向けて日本政府がリーダーシップを発揮するよう求めた安倍晋三首相宛の要請文を、松井市長が岸田文雄外務大臣（当時）に手交して、日本政府が核兵器禁止条約に向けた交渉決議に反対したことを遺憾だと述べたのに対し、岸田外相は「核兵器保有国と非保有国の橋渡し役として努力する考えを示した」と報道されています。[56] また、条約成立後も、広島と長崎の平和記念式典で、安倍首相は、「立場の異なる国々〔核兵器保有国と非保有国〕の橋渡しに努め」[57] ると語っています。この説明ないし釈明は、同条約が国連総会で可決されたときも、承認批准国が法定数に達して発効することが決定した後も、同様に行われています。[58]
しかし、一体、この「橋渡し」とは具体的にどんな働きをすることなのでしょうか。この条約に反対していながら、どんな橋渡しができるというのでしょうか。どちらの立場に立つのかと聞かれてどちらの立場にも立たないと言うなら、あるいは橋渡しをする姿勢なのかとも見られましょうが、反対しているのに賛成者の側に対してどんな橋渡しの働きかけをするというのか。いや、それができるというのか。

これは、「被爆国なのに、核兵器禁止条約になぜ反対するのか」との真っ正面からの問いかけに対して、一時的に質問をはぐらかすだけのものと言わざるを得ません。しかもこの発言は繰り返されています。橋渡しらしい活動もせずに。これで国際的信頼を期待できるでしょうか。

さらに加えて申しますと、広島被爆七五周年となる二〇二〇年八月六日の広島平和祈念式典では、広島市長がその平和宣言において、「〔日本政府には、〕核保有国と非核保有国の橋渡しをしっかりと果たすためにも、〔核兵器禁止条約への署名・批准を求める〕被爆者の思いを誠実に受け止めて核兵器禁止条約の締約国に」[59]と明確に求めたのに対して、安倍首相のその時のあいさつは核兵器禁止条約には一言も触れず、市長の求めに全く答えなかったことは、近時のこととして広く知られているところです。そしてしかも、ただ抽象的に、「核兵器のない世界の実現に向けた国際社会の取組をリードしてまいります」[60]と述べていますが、この「リードする」も「橋渡し」同様、意味不明と言わざるを得ません。

要するに、この「橋渡し」という意味不明の発言は、核兵器を持たず、核兵器を使用しないようにという働きかけに対して、核兵器を持っていてもよいし、従ってその使用を禁じることはしないとの立場からの発言であることに変わりないのです。それで、唯一の被爆国である日本の立場を踏まえた政治姿勢であると言い得るのでしょうか。このような基本的な矛盾を蔵していて、「世界をリードする」と言えるのでしょうか。

政府の発言の根底にあるのは、アメリカと同盟関係を維持し、その核の傘の下にいるのが現時の国際情勢から見て日本として安全なのだという判断だけでしょう。それは、日本の国家的安全の観点を第一とするにしても、決して長期的展望をもったものではなく、まして、国家の安全のためには平和を創り出す姿勢こそ大事であり、それには日本はまず核の危険を強く発言するところから始まるとの基本的姿勢は全くないということでしょう。

唯一の被爆国である日本が被爆国としての立場でものを言うのは当然であり、それは諸外国も日本が唯一の被爆国であるという歴史的事実のゆえに、どのような場合にも、どのような文脈においても、核兵器反対を主張することを認めざるを得ないのです。唯一の被爆国としての日本は、その人類史上の歴史的存在意義からしても、核兵器禁止の先頭に立つべきものであり、それを進め続けることで国際社会に日本の国家としての存在意義を明示し続け、発言力を保持し続けることができるのです。そして、このことはまた人類の将来に対する歴史的責務なのではないでしょうか。

核兵器の惨害を唯一被っている国にして、人類と世界の将来において核兵器の決定的な危険性につき態度を明確にしないで、周囲の国際状況にのみ注意する綱渡り外交のままに目先の国防だけを論じ、言葉では平和国家だと言っていても、その外交の進め方がどのようなものであれ、諸外国の、特にその心ある人々の真の信頼を得られないものと、認識すべきものなのです。

「批准待ち少年焼き場に立ち通す」（瀬川重哉、朝日川柳二〇二〇年八月二二日）。近年、この一句に引き付けられました。長崎の被爆者を写した多くの写真の中で、ひときわ心を打たれる一枚があります。宵闇の中、死んだ弟を背負って焼き場で順番を待って立つ一人の少年――小学五、六年生でしょうか――の写真です。こう記しただけで、多くの日本人はこの写真を見た記憶があると思い起こすことでしょう。おそらく、家族や知り合いの人は皆被爆して亡くなり、一人残されたこの少年は死んだ弟を荼毘《だび》に付すべく、順番待ちの行列の後ろに立っているのです。耐え難い悲痛を胸に、顔を上げ、唇を噛《か》み締めて立ち通す少年。この川柳の作者は、核兵器の深刻な危険の現実を世界の国々の中で唯一体験し、熱い思いで核兵器禁止条約の批准を待つ日本国民をこの少年と重ね合わせて見ています。そしてただ一句で、核禁反対論・橋渡し論への不信を突き付けています。

なお特に、この句を政治家たちがどのように受け止めたか。前掲川柳の作者がその後発表した次の句は、核禁条約批准という責務への指導的政治家の詭弁《きべん》ないし怠慢をさらに指摘するものでしょう。「批准未《ま》だ少年焼き場を立ち去れず」（朝日川柳二〇二一年一〇月二三日）。

私たちは既に、日本国憲法がその前文において宣言している平和主義につき丁寧に学びました。私たち日本国民は、諸国民の公正と信義に信頼し、平和のうちに生きる権利を高く掲げて、戦争の放棄を憲法の大原則として制定しているのです。核兵器禁止条約が国連総会で可決される時代に入って、改めて日本国は、いや私たち日本国民一人一人はそれぞれ、そのこころと生きざまにおいて平和への真実の姿勢を明らかにしなければならないと思います。これは国際秩序の真の在り方にかかわる問題ですが、それはまた、一見小さく見えても、自分の生き方と人生に深くかかわっている問題ではないでしょうか。

（4）核の時代こそ基本権重視

核兵器禁止条約について核兵器所有の大国同様、日本までがその批准を曖昧にし――事実上の否認――、外交問題としては過去のものになったかのごとき状況を作り出している現在、改めて強く明確にしておかねばならないことは、平和追求の姿勢の国際的構築は、すべての国の国民が享有する平和的生存権を中心とするすべての基本的人権の保障実現を図ることによってこそ進めることができるということでありましょう。実際的には、基本的人権を具体的に保障し、真実に民意を反映する政治を絶えず作り出さなければ、国を挙げて平和を追求する姿勢を打ち立て、またそれを保つことはできないということです。平和構築とは国際的にも国内政治の上でも、結局、基本的人権が常に第一原則とされ、常にその実現が追求されているのでなければ、あり得ないことだからです。日本国憲法の教訓は、このことに尽きると言って良いことは、本書の前半で日本国憲法につき論述したところから明らかと思います。今後の私の平和論は、基本的人権の保障実現を基本的視点として進めることになることをご理解ください。

8. 平和への堅固な姿勢

(1) 心の中に平和のとりでを

私は先に「憲法前文に学ぶ——戦争抑止と国民主権」を論じ始めたとき、国の基本的仕組み(すなわち憲法)が平和にふさわしい仕組みになっているかの問題と、国民一人一人が主体的にその基本的仕組みを生かすにふさわしい生き方をしようとしているかが課題であると申しましたが、ここで、この第二の課題に入っていくことになります。人はすべて平和への堅固な精神的姿勢を求められているということです。

このことにつき、今日、世界の人々すべてが最も基本的なこととして深く受け止めるべき共通の確認事項がありますので、それを掲げておきます。これから私の述べることも、この一文を絶えず意識しながら進めることになります。

戦争は人の心の中で生れるものであるから、人の心の中に平和のとりでを築かなければならない(国際連合教育科学文化機関=ユネスコ=憲章の前文より)。

これは「この憲章の当事国政府は、その国民に代って次のように宣言する」に始まるユネスコ憲章の前文において、その宣言の冒頭の一節です。かつてこの文章に初めて接したとき、私は聖書の次の一節を想起しました。「何が原因で、あなたがたの間に戦いや争いが起こるのですか。あなたがた自身の内部で争い合う欲望が、その原因ではありませんか。あなたがたは、欲しても得られず、人を殺します。また、熱望しても手に入れることができず、争ったり戦ったりします」[61]。まさに、戦争は人の心の中で生まれるのであり、それゆえに「人の心の中に平和のとりでを築かなければならない」のです。

こう宣言する「当事国政府」の中に、日本国政府が含まれているのは申すまでもありません。元々日本国民である私たちを代表して、日本国政府が日本国民の心に中に「平和のとりでを築く」ことに努めるべき責務を負っていることは、憲法の平和主義原則と国民主権の原理からして、私たち日本にあっては本来当然のことなのです。

しかもさらに、その責務の具体化は教育基本法により全国民の合意となっていたのでした。平和主義の日本国憲法が昭和二二（一九四七）年五月三日に施行されるのに先行して、教育基本法が同年三月三一日に制定公布されましたが、その前文は、「われらは、さきに、日本国憲法を確定し、……世界の平和と人類の福祉に貢献しようとする決意を示した。この理想の実現は、根本において教育の力にまつべきものである」と宣言して、前記の「人の心の中に平和のとりでを築く」ことを進める平和教育への全国民的姿勢を明らかにしていました。このことを決して忘却してはなりません。戦争の惨禍を忘れてはならない。いや今も戦争の危険にさらされていることを忘れてはならない、と言われますが、それとともに、我々の憲法と一体のものとして、心の中に平和のとりでを築く教育の重大性を忘れてはなりません。また、それにつき「根本において教育の力にまつべきもの」と言明した教育基本法が半世紀以上施行されていたことを、決して忘れてはなりません。

しかし、この国民的な基本姿勢の宣言文は、二〇〇六年に第一次安倍晋三内閣が組閣と同時に力こぶを入れて推進した教育基本法の改変により、文章としては取り去られてしまっています。すなわち、安倍晋三内閣の提案による「新教育基本法」制定の仕方で、この前文そのものは書き換えられて、憲法の理想の実現は「教育の力にまつ」という最も重要な文章を削除し、「人の心の中に平和のとりでを築く」との姿勢を曖昧なものにしてしまったのです。しかしこれで、「平和のとりでを築く」ことが日本の教育の使命でなくなったわけでは決してありませんが、この二〇〇六年の教育基本法の無責任な改変によってなされた過ちを、二一世紀に生きる私たちは決して忘れてはなりません。なお、このことを含めて、この新しい教育基本法の批判的分析については、私の書いた『新・

教育基本法を考える』（日本キリスト教団出版局発行）を参照していただければ幸いです。

実は、二〇〇六年の新教育基本法の制定は、改憲に等しい重大な問題性を持つにもかかわらず、国会における与党の多数の力で押し切ってしまったもので、このあまり論争が深められないままに国会を通ってしまったことにこそ、「平和のとりでを築く」ことにとって極めて危険なものが潜んでいるのではないかと考えています。それは、その頃から明らかになり始めた日本の社会の時代相に、さらに日本の国際社会に対する姿勢にも、危険な変貌の一端が現れていたことを示すものとして、見据えていたいのです。「人の心の中に平和のとりでを築く」ことを軽視するごとき教育基本法改変を提案したあの時の政府とそれを承認した国会、さらにそれを重大な過ちと考えずに容認した多くの国民ないし日本の社会に、危険な社会的政治的変貌が現れ始めていたのではないかということです。

(2) 中は甘く腐っていないか

ここに、今日の病変的時代相を鋭くえぐって突き付ける一つの歌があります。

〝果実のように見えないままで内部から甘く腐ってゆく時代です〟（さとうますみ）[62]

この歌に接したとき、「目を覚ましておれ。視野を狭くし、嗅覚をにぶくしたままで、自分と親しい仲間たちの安穏に満足しているだけであってはならない」と、私の内に鋭く迫り来るものを感じました。読者の皆さんはいかがでしょうか。

外見は見事なおいしい果実のようで、しかも内部から甘く腐ってゆく時代ではないか。前述の教育基本法の改悪以外にも、今日、このことを示すようなものが身近にたくさんあります。

ちょっと心を落ち着けて周りを見渡せば、すぐ近くに日常茶飯事のごとく、いわゆる知能犯にとどまらず、巧妙な記録改ざん等による官庁の非行、またいつの間にか深く広く進行している大企業や公的事業体の法規違反や脱法行為、その他従来の常識では考えられない様相の非行や犯罪が多発しています。しかも、それに対処することにも基本的価値判断が分裂しているような混乱が続けて見られます。そして、そのような社会的に力ある者たちの不正な動きに後押しされるようにして、全体的に、巧妙な弱い者いじめの非行・犯罪が多くなっているのです。高齢者を狙ったオレオレ詐欺、また平然と行われる性的差別など枚挙にいとまがないほどであり、弱い人たちを絶望的な思いに陥らせ、しかも解決困難な問題がいろいろの相貌をもって多発しているのです。

そして、これらのことの上に、国民の代表として正義と公平に立って人権保障に尽くすべき国会の議員たち、さらに政治の中枢にあって重い責務を負う政府の者たちが、その地位に関連する形で多くの歪んだ問題に関係し、あるいはそれを引き起こしています。保守政治家ないしそのグループが、反共を旗印に外国からわが国に勢力を伸ばし、信者に多額の寄付をさせて生活を破壊し多くの被害者を作り出している旧称「統一教会」というカルト教団と陰で結び付き、その反社会性には知らぬ顔で、選挙の際にその支援を受けていたことは、あまりにも歪んだ姿でしょう。これらを思うとき、内部から甘く腐ってゆく社会的危機に直面していると思わざるを得ないのではないでしょうか。

上述した社会的歪みの根底に共通していることは、結局、自己一身あるいは自分たちの党派の欲望満足を求めることにのみ走り、互いに各自が、つまり国民一人一人がかけがえなき貴い存在であること、理屈抜きに尊厳な存在であることが無視ないし軽視されていることなのです。そしてそれは、世界中に広くはびこる人種差別や人権侵害、また大量飢餓難民の放置等にも通じるものであり、自国の利益第一として繰り返し国際的緊張や国際紛争を引き起こし、平和への取り組みを曖昧なままにして平然としていることに通じているのです。

上述したことは、私たち一人一人に、「隣の他者に対するあなたの基本的価値観はどのようなものか」と問うているのです。平和の問題にとって、国や国際間の仕組みや制度がどうなっており、それがどのように運用されるべきかの問題は重大なので、これまでその観点から論じてきましたが、それとともに、今日はますます、「他者」をどう受け止めるかについての私たち国民一人一人の基本的価値観が、平和の根幹にかかわることとして問われている時代なのです。

そしてこの問題は、国の在り方との関係において問われるのですから、特に、基本的人権の尊重に照らして、「内部から腐っていないか」が問われることになります。

(3) 甘く危険な改憲案とその批判

こう見てくるとき、ここで、おいしそうな色合いで提示されているが、内部から腐らせる危険度の大きな一品につき、その確かな品定めをしなければならないことに気づきます。それは長く国会第一党である自民党がかつて発表した憲法改正草案とその解説書です。

私の手元にあるのは、同党の『日本国憲法改正草案 Q&A 増補版』(二〇一三年一〇月発行)ですが、これにつきしばらく述べることにします。もちろん、これにつき政策論争を試みるものではありません。ただ、わが国の目下の政権政党の改正草案ですから――それは「草案」であって議案ではもちろんありませんが――、これにつき検討するべきであり、私たち各自の考える平和論とその基礎になるものがこのようなものでよいのかを確かめるために取り上げる次第です。同党が、かつて行った教育基本法の改変と同様に、憲法の前文を全く書き換え、平和的生存権を切り捨てて、憲法を大幅に変更するというこの草案を公表していることは、広く知られているところでしょう。その根本にある考え方には、まさに日本という国家を内部から甘く腐らせるものが潜んでいないかと、見極めておかなければならないものがあります。この問題は、決して軽視されてはなりません。

では、その憲法変更案の基本的問題性は何か。それはいろいろあるのですが、その根幹にあるのは、一言で言えば、基本的人権に関する現行憲法諸規定の根本的改変であり、基本的人権の換骨奪胎ないしその空文化とも言えるものです。その後、この文書が廃棄回収されたとは聞いていませんので、この文書は、第九条とそれに関する平和主義条項の改変、基本的人権を実際に抑制し得る緊急事態条項の制定、国民主権と天皇の位置付けの改変なども説きつつ、まだ国民に提示され続けているのだと思います。また、もし仮にこの文書が撤回または廃棄されているとしても、かつてこのような見解があったとして、ここで批判的分析を提示して平和論をさらに深めることは大切なことと思います。

前に述べたことを少し繰り返すことになりますが、平和問題は初めに述べたように国家間の国際問題であるのみでなく、国内の安定的福祉の問題でもありますし、国際平和も戦争がないだけのことではなくて、根本的に、関係国のすべての国民の平和的生存権その他の基本的人権の問題でありますから、平和について考えるとき、基本的人権をどのようなものとして理解しているかが最も肝心であり、まして基本的人権の改変を安易に進めようとすることは、平和構築について極めて危険なことと見なければなりません。

ですからしばらく、この基本的人権条項の改変案をじっくり検討することになります。まず、基本的人権保障の規定の根本的改変、つまり人権の基本権性を換骨奪胎する内容の直接の改正案としては、次の二つがあります。

第一は、現行憲法第一一条の改変です。現行の第一一条は、「国民は、すべての基本的人権の享有を妨げられない。この憲法が国民に保障する基本的人権は、侵すことのできない永久の権利として、現在及び将来の国民に与へられる」となっていますが、これを「国民は、全ての基本的人権を享有する。この憲法が国民に保障する基本的人権は、侵すことのできない永久の権利である」と改正するというのです。

第二は、第九七条の削除です。

この改憲案には、現行憲法の保障する基本的人権を弱体化させることに関連する改正規定が他にもありますが、それは必要に応じて指摘するとして、基本的人権をその本質からつまり根本的に換骨奪胎することをもたらすもの、いやまさにそれを狙った改変案は、前記第一、第二の二つの改変です。

第一の改変は一見問題がないように考えられるかもしれませんが、第二の第九七条の全面的削除と一体となって重大な危険性をはらんでいます。

その重大な危険性は、前記の改変案の解説（Q＆A）において明確に次のように記されていることにより、明らかなのです。

解説においては、まず「天賦人権説に基づく規定振りを全面的に見直しました[63]」とあり、「人権規定も、我が国の歴史、文化、伝統を踏まえたものであることも必要だと考えます。現行憲法の規定の中には、西欧の天賦人権説に基づいて規定されていると思われるものが散見されることから、こうした規定は改める必要があると考えました[64]」として、「基本的人権の本質について定める現行憲法九七条を削除しました[65]」と明記されています。

しかし、実は、おいおいいろいろの角度から論じるつもりですが、この改憲論の「天賦人権説の否定」の主張は、日本国が、そこにおいて私もあなたがたも皆一人一人、人間としての尊厳性が尊重され、それゆえに、人として当然に有する基本的人権を保障する国家として存在し続けることができなくなるという重大な問題にかかわることなのです。それはまた、平和についての基本的姿勢の問題を考える者に対する危険な挑戦なのです。

「天賦人権説の否定」というこの主張は、基本的人権を認めると一応言っているけれども、本質的には基本的人権の根本を否定する言説なのです。前に述べたように、平和の問題の中心に基本的人権としての平和的生存権の確認があり、それこそが各人の平和への堅固な主体的姿勢の基となるのですから、この改正案とその解説について根本から分析検討し批判し克服することなしには、平和論を進めることはできません。それゆえ、ここで少し丁寧にこの改憲論の根本にある危険性について論じておきたいと思います。しばらく、共に考えてください。

そこで再度、Q&Aが述べるところを丁寧に引用しますと、基本的人権なる用語は支持し、「人権は、人間であることによって当然に有するものです。我が党の憲法改正草案でも、自然権としての人権は、当然の前提として考え[66]」るとし、ただ現行憲法第一一条が「基本的人権は、侵すことのできない永久の権利として、現在及び将来の国民に与へられる」としているその「与へられる」がよくない。それは「人権は神から人間に与えられるという西欧の天賦人権思想に基づいたと考えられる[67]」が、「我が国の歴史、文化、伝統を踏まえ[68]」ていることが必要で、わが国では天賦人権説は否定すべきであり、ここは「与えられる」を取り去って、ただ「永久の権利である」と改正し、また、この第一一条と「内容的に重複していると考えたため」第九七条は削除するとしているのです。[69]

この改正草案の根本的危険性を示すその焦点は、基本的人権はその国の「歴史、文化、伝統を踏まえたものであることも必要」と言い、それと相応する仕方で認められるものであるとしていることです。「人権は、人間であることによって当然に有するもの」、「自然権としての人権は、当然の前提」と言ってはいますが、これで信用してはなりません。基本的人権は「我が国の歴史、文化、伝統を踏まえたものであることも必要」とのこの一句によって、基本的人権は、わが国の歴史・文化・伝統などから引き出した仕方で説かれるいろいろの考え方――それは基本的人権が認められていなかった時代のものの考え方、特に神格天皇制を生み出し支えた神代の神話なども当然に含んでいます――により歪められ、他のいかなる原理原則にも勝るべき憲法の基本的中心的原理としての権威は薄められ、むしろ容易に否定し得るものにされてしまっているのです。基本的人権につき「我が国の歴史、文化、伝統」を強調するところにこそ、この改憲案の最大の狙いがあり、まさに最も危険な毒素を秘めているのです。そして、このような狙いを持った改憲論に一番妨げになる内容の第九七条を、第一一条と内容的に重複しているとの理由付けだけで抹殺しようとしているわけです。

実は、「我が国の歴史、文化、伝統を踏まえたものであるべし」との主張が基本的人権論の根本を覆すものであることを正しく理解するには、基本的人権とはいかなるものかにつき明確に理解できていなければなりません。そして、そのためには、第九七条とはいかなる意義ないし重要性を有する規定なのかについての正しい認識こそ、肝要になります。力ある平和論のために、第九七条を少し丁寧に読むことにします。

9．憲法第九七条と基本的人権の基本権性

(1) 第九七条の重要性

第九七条は、こう規定しています。

この憲法が日本国民に保障する基本的人権は、人類の多年にわたる自由獲得の努力の成果であつて、これらの権利は、過去幾多の試錬に堪へ、現在及び将来の国民に対し、侵すことのできない永久の権利として信託されたものである。

前記の改憲案は、これを全部削除するというのです。そこで、第九七条の存在意義ないし重要性につき、述べることにします。

まず、第九七条は第一〇章「最高法規」の冒頭に置かれています。この憲法上の位置の持つ意義に注意を払うことが大事です。

憲法が日本国の最高法規であることはその次の第九八条に明記されていますが、最高法規であることの実質的根拠を示すものとして、第九八条の前に、この第九七条が置か

れているのです。

実は、最高法規というものは、最高法規だと明記されているからそうなのだというだけでは弱いのです。憲法がそう規定しているからというだけでは、本当に最高の法規としての働きはしません。国民すべて——将来の国民も含めて——が、これが最高法規だと確信し、体を張ってでもそれを守ろうとするだけの根拠を踏まえていなければ、最高法規としての権威ある働きは致しません。そこで、その最高法規たる根拠として基本的人権の基本的理念を掲げて、それに基づいていることにこそ、この憲法は最高法規なのだと言い得るし、国民すべてに、どんなときにもそのようにして憲法を堅持しようとの心構えが備わるのです。第九七条が第一〇章の冒頭に置かれているのは、そのためなのです。

そして、第九七条がそれだけの大事なことの根拠を明示しているかどうかは、この規定を正しく読み取ることによって、初めて確認できるのであり、それにより基本的人権及び立憲主義に立つ憲法堅持の精神が国民一人一人の身につくものとなるのです。この第九七条をあっさり抹消しようとする憲法改変案を提案していることは、既にその意味で極めて危険な政治姿勢であり、国民の基本的人権の重視と堅持を無視するものと言わなければなりません。そこで、先に第九七条を載せましたが、その一字一句に注意を払いつつ丁寧に読んでみましょう。

まず、「この憲法が日本国民に保障する基本的人権は、人類の多年にわたる自由獲得の努力の成果であつて」とあります。ここに「人類」とあります。具体的歴史的には、イギリスの清教徒革命や名誉革命、アメリカ東部一三州の独立宣言、そしてフランス革命の時の人権宣言等に始まる世界各国・各地における自由・平等の基本的人権獲得のための多くの戦い、近くは性別・信条・人種・民族等による差別に対して各国に展開される戦いなど、その先人の努力と戦いを私たちはすぐ思い起こすことができます。その成果が人類共有の成果であることは、世界人権宣言もその前文が丁寧に明示するところであり、日本国民である私たちもそれを当然に受け継ぎ、共有しているとの認識に立っているべきものなのです。繰り返しますが、基本的人権は、「多年にわたる自由獲得の努力の成果」として、既に私たちをも含む人類の共有のものとなっているのです。ですから、日本国民は、日本国憲法第三章に各種の基本的人権が規定されたことにより初めてそれを有するに至ったというのではなく、人類世界の一員として既に基本的人権を有しているというのであり、憲法第三章の諸規定はそのことをいわば確認するためのものであって、第九七条冒頭の一句はこのことを明示する大事な意味を持っています。

それはまさに、基本的人権獲得のために人類の長い歴史の中でまことに多くの人々の血と涙の戦いがあったことを、自己の存在基盤にかかわることとして自覚し、各人の人権意識の中にしっかりと受け止められていなければならないことを語っています。このことを国民各自が踏まえているときに、日本国憲法は初めて権威あり、力あるものとなるのです。

次いで、第九七条は、基本的人権は「過去幾多の試錬に堪へ」てきたと語ります。法の文言としては、歴史的回顧のようなこの一文は、文飾に過ぎ、不要との批判をする意見も考えられましょう。自民党改憲案における本条削除案の説明にはそれが読み取れます。しかし、基本的人権堅持の精神をさらに強め高めていくことを考えるとき、この一文こそ肝心です。思想・良心の自由、信教の自由、学問の自由、言論・表現の自由、結社の自由などを獲得した後で覆され、さらに厳しい戦いの上でそれらの基本的人権の再確認を勝ち取るというような歴史的経験は、世界史の中では多くの国々においていくつもあり、ここでいちいち指摘するまでもありません。わが国でも、明治維新後に民間において基本的人権を詳細に明記した憲法草案が作られ、それらが大いに論じられていたにもかかわらず（例えば「五日市憲法草案」[70]）、先に詳しく述べたように時の政府は、天皇大権を押し立てて基本的人権を骨抜きにした「大日本帝国憲法」を作ったのでした。

実は、前記改憲案が軽視し抹殺しようとしている「天賦人権説」（または「天賦人権論」）

というのも、わが国における「自由獲得の戦いと幾多の試錬」を思う時にこそ想起されるべきものなのです。

天が与えたという「天賦」の人権は、福澤諭吉[71]の『学問のすゝめ』の冒頭の「天は人の上に人を造らず、人の下に人を造らず」との名句にも見事に表現されていることは、よく知られています。明治開花の時代の天賦人権論の「天賦」は、例えばアメリカ一三州独立宣言にある「我々は次の真理を自明のものと認める。あらゆる人間は平等に造られていること、彼らは、創造主（Creator）によって、一定の譲るべからざる権利を授けられている」との宣言文の「創造主により授けられていること」を日本の当時の人々にとって馴染みやすいものにした言葉です。大事なことは、人間社会の作り出したもろもろの秩序・制度・組織がどうあれ、それらを越えて尊重されるべき人間各人の存在意義・その尊厳性にかかわるがゆえに決して奪われてはならない権利であることを表すために、「創造主から与えられた」との表現を用いていることであり、その真義を受け止めた明治期のわが国の思想家たちが、中国の儒教以来用いられてきた超越的存在としての「天」の理念を借用して、「天賦＝天から与えられた」という表現を用いたということです。

Q＆Aは「自然権としての人権は、当然の前提として考えているところです」と述べていますが[72]、「自然権」というのは国家の組織や制度のできる前から人間各人が有している自然の権利であるという基本的人権の本質を表現するための用語ですから、基本的人権は自然権であると言いながら、わが国には「天賦」なる表現はふさわしくないなどと言うQ＆Aの説くところは、基本的人権の本質をよく理解していないままに、いや明らかに誤った人権認識に立って一方的に美辞麗句を並べているにすぎないもののようです。

しかし、前に述べたように明治憲法でこのような基本的人権理解が否定されると、その後日本で繰り返された人権獲得の戦いはまことに幾多の試錬に遭うことになります。例えば、明治初期に天賦人権論を鼓吹した加藤弘之[73]は、政府が天皇大権の国造りを始めると、大きく変節して天賦人権論を否定し批判するに至ります。その論拠は今から見ると奇妙な自然淘汰《とうた》の進化論であって、人間はもともと不平等にできていて、有機体としての国家の細胞のようにそれぞれの能力に応じてその役割を担うべきものと主張し、天皇大権を打ち出した藩閥政権の擁護に走ったのです。

そのような思想風潮の上に前述の明治憲法の下においてですから、自然権としての基本的人権思想は十分に根付かず、思想・良心の自由、信教の自由、学問の自由、表現の自由、結社の自由等が基本的に認められず、繰り返し政治的に社会的に抑圧されてきたのが、現行憲法制定までの日本の歴史なのです。

特に昭和に入りますと、美濃部達吉[74]の天皇機関説が排撃されます。天皇機関説というのは、国家は一つの法人であって、天皇は国家統治のため一定の法的権限を憲法で認められている一つの機関であるとする憲法学上の学説です。これは、天皇大権、特に天皇の神格的超越性を否定しつつ、法治主義ないし立憲主義に立つ法理を貫こうとするとき、憲法上の天皇の地位に関する妥当な学説であったと見るべきです。それゆえ、昭和初期まではわが国の通説でした。政治・行政はすべてこの理解の上に進められ、またある程度人権擁護の働きをしていました。しかし、昭和に入って軍部ファシズムが強くなるとともに、いわゆる右翼がこの学説に対して攻撃を始めます。特に狂信的な日本至上主義者の蓑田胸喜《みのだむねき》[75]が原理日本社を設立して、この天皇機関説を激しく攻撃し、帝国議会は天皇機関説を否定するにいたります。こうして、日本は、軍国主義ファシズム国家への道をひた走り、敗戦に至るのです。

私の生まれた年、昭和八（一九三三）年は、イタリアのファシスト政権に続いて、ドイツにナチス政権が樹立された年ですが、その年、わが国は外に満州国建設をごり押しして国際連盟を脱退し、内にあっては、思想・学問の自由を弾圧した京都帝国大学瀧川幸辰教授罷免事件[76]が起こっています。戦後自由民主党の初代総裁になった鳩山一郎がこの罷免を強権的に進めた時の政府の文部大臣でした。この事件の詳細は省きますが――

この事件の概要はちょっと調べればすぐ分かる、それほどに有名な事件ですから――、私の生まれた年の事件だからというのではなく、また日本が世界的戦争へとのめり込んでいった時の政府の国民に対する強権的姿勢を示す事件としてだけでなく、学問と教育に当たる者の自由を押さえ付け、かえって偏った党派的政治に一部の学問を利用しようとするそのような「幾多の試錬」は今日もしばしば生じていますので、この学問の自由侵害事件のことを記しました。このように幾多の試錬を経て基本的人権が確立されてきたことは、私たち日本人こそ真摯にわきまえていなければなりません。第九七条削除論はこのような人権侵害の幾多の試錬に、つまりその背後にある人権弾圧に、目をつぶろうとするものというべきでしょう。さらに、この削除論は、基本的人権こそが今後とも憲法の根幹であるべきこと、それゆえに基本的人権保障の憲法が最高法規とされていることを軽視して顧みない改憲論にすぎないことを、そしてその根本的危険性を自ら物語っているのです。

このような改憲論に対しては、第九七条を堅持するために戦うことこそ、まさに幾多の試錬に耐える戦いであり、そのための旗印としても、この第九七条を高く掲げていなければならないのではないでしょうか。

このようにして基本的人権が確立されてきた歴史を踏まえて、第九七条は、第一一条と共に、基本的人権は将来ともすべての国民のための「侵すことのできない永久の権利」であると繰り返し宣言しているのです。基本的人権はいかなる権力によっても、どのような理由付けによっても、これを侵すことは許されない。まさに絶対的な不可侵性です。そして「永久の権利」であります。

(2) 基本的人権の「基本的」とは

ところで、一言で基本的人権と言いますが、何ゆえに、またどのような意味で「基本的」と言うのか。ここで前項を受けて、基本的人権の「基本的」の意味を取りまとめておきましょう。

第九七条が第一一条と共に明示するように、基本的人権の特質としては、不可侵性及び永久性がありますが、その根本にあるものとして、さらに固有性と普遍性の二つの特質を挙げるべきでしょう。これは、イエリネック著[77]『人権宣言論』その他の憲法に関するいろいろの文献に接しているうちに私なりに理解するようになったことで、その文献の渉猟列記は略しますが、一応の説明を加えることにします。

この四つの特質のうち最も重視すべきことは、基本的人権の固有性です。固有性とは、その文字の示すとおり、人間として「もともとから有する」ということです。では、「何より先にもともとから」なのか。問題は国家の在り方や仕組み、つまり国家権力と人間各個人との関係にかかわることですから、それは「国家」の成り立ちより前からということになります。国家は国民と領土と法的基本機構すなわち憲法の三つにより成り立っていますから、国家以前ということは憲法以前ということでもあります。もちろんこの「以前」とは歴史的時間的な意味の以前ではなく、法論理的な意味においてです。つまり、国家や憲法が成り立つその基礎として、国家や憲法に優先するものとして、国民すべてが基本的人権を有することが認められていなければならないということです。憲法により国家機構が成り立つ前提として、人はすべて基本的人権を有しているのであるということです。基本的人権とはそのような権利であるがゆえに、憲法において「基本的」であると位置付けなければならないのだということです。先に自然権につき述べたとおりです。

では、なぜこのような意味での固有性を認めなければならないのか。それは、人はすべて一人一人等しく尊厳な存在であるということによるのですが、このことについては、もう少し先に行ってから述べることにします。

この基本的人権の固有性を認めるならば、基本的人権は「人である以上、すべての人に認められる」とする普遍性という特質は当然のことになります。ある一部の者には基本的人権を認めないなどという憲法ないしそのような憲法改正は、基本的人権そのものを否定しているのだということになります。確かに、憲法第九七条は「この憲法が日本国民に保障する基本的人権は」と書き出していますが、これは日本国の憲法だからこのような言い回しになっているのであって、わが国は日本国民だけに基本的人権を認めるとか、日本国内では、他国民には基本的人権を認めないというのではありません。

そして、前述の不可侵性は、基本的人権の侵害は許されないということですが、特に国の権力による基本的人権の侵害こそ、最も厳しく排除するということです。行政権のみならず立法権や司法権による侵害もあり得ることですから、国民は見張っていなければなりません。

第九七条はこのような基本的人権の重要性を明文をもって規定したもので、この基本的人権を基として憲法が成り立っています。すなわち、基本的人権保障のために、先にも述べたように、国民主権、平和主義、議会制民主主義及び三権分立制等が憲法の基本原則として定められているわけです。それゆえに、これに続く第九八条が、憲法は最高法規であると明記したのです。

このようなわけですから、第九七条をあっさり抹消する前記改憲案は、基本的人権保障をないがしろにし、国民主権を弱体化し、憲法の基本的生命を危うくする極めて危険なものと言わざるを得ません。特に、繰り返しますが、前述の基本的人権の四つの基本的特質を無視して、「人権規定も、我が国の歴史、文化、伝統を踏まえたものであることも必要」との前掲Q＆Aの言説こそ、この改正案の根本的危険性を示すものなのです。

（3）基本的人権は相対化されてはならない

前段末で指摘したこと、すなわち基本的人権は大事だが、それもその国のいわゆる国情に照らして受け止めるべきものであるとする主張は、いわば人権の相対化です。これは案外、常識的に見え、染み込みやすく危険な主張であり、これを越えることが実際的具体的にも肝心です。そこでさらに、基本的人権は相対化されてはならないことにつき、少し述べておきます。

最近考えることですが、アメリカ合衆国にトランプという従来の合衆国大統領のイメージとはかなり異なる人物が現れ、アメリカ・ファーストを掲げて内外に強引な政策を推進し、合衆国が二分されたかのごとき政治的社会的状況が生じているのを見て、アメリカは歴史的にそして今日も移民の国だからもともと社会的政治的一致は困難なのだという批評を聞くことがあります。そしてその意見の次には、「日本はそれに比して、基本的一致がある。一つの同じ歴史、文化、伝統を踏まえているから」という見解を聞くことがあるのですが、果たしてそうでしょうか。確かに、明治憲法の下では、そういうことは言われました。しかし、それこそ問題なのです。明治憲法遵守を思想的教育の面から強化するために出された教育勅語、特にその第一文に込められた思想の問題性については前述しましたが、それをここで想起してください。その思想は、日本という国は天皇の祖先が造ったもの、つまり現在も天皇の大権の下にあるものであり、また日本という国家の基盤となる秩序倫理も天皇の祖先が立てたものであり、このようにして現在の日本は天皇大権の下にあり、日本人は国民というよりも天皇の臣民であるとし、そのような伝統的秩序こそ憲法の大本であるというものでした。

基本的人権といえども日本の歴史、文化、伝統を踏まえたものであるべきであるとの主張は、まさにこの主張を含んでいるのです。「民草」という言葉があります。庶民という程度の意味の言葉として、今も用いる人がいますが、この言葉は、天皇の先祖の神々が太古の昔、現在の日本の領土を構成している本州、北海道、九州、四国その他周辺の島々を国産みによって造ったこと、その島々に草が生えるように人々が住むようになったので、神々の子孫である天皇がこの民草を大権をもって支配するようになったとのいわゆる神話にかかわるもので、そのような民草には人権など考えられないという意味が込められていたのです。基本的人権が日本特有の歴史、文化、伝統を踏まえたものであるべきであるという言説には、このような意味合いが込められていると認識していなければなりません。日本の歴史、伝統を踏まえたものであるべきとの主張には、人権の基本権性を軽減しあるいは貶めようとの意図が見え隠れしているのです。

基本的人権の基本権性とは、各国の伝統や文化に左右されずに、それを超えて全人類共通に基本的であるということだからです。

既に幾度か指摘したように、国民主権の国家、すなわち民主国家においては基本的人権の理解の仕方における一致こそ大切です。そのためには、人権の固有性の根底にあるもの、その根底にある人間観こそ大事でありましょう。すなわち、個人の尊厳です。その健康な認識が広く深く国民の中に根付いていることです。これが平和への基です。このことを念頭に置きつつ、さらに掘り下げて考察を進めましょう。

10．私たちに信託された基本的人権

（1）基本的人権は平和を創り出していくための基本的要件であり、また平和によってこそ等しく実現されるその目標でもあります。基本的人権が保障される社会においてこそ、いわば草の根からの力ある平和への取り組みが推進され得るのであり、他方、平和な国内的・国際的社会の形成に励むところにおいてこそ基本的人権の保障が実現していくのです。このことは、本書において初めから念頭にあり、また随所で述べてきました。

しかし、前述のように、基本的人権はわが国の伝統や文化を踏まえたものでなければならないと主張して、基本的人権を相対化してしまう改憲案等が公にされている今日、基本的人権のより確かな認識を深めるべく、私たちは基本的人権につきさらに掘り下げた考察を進めなければなりません。そこで到達する確かな人権理解とは、基本的人権は「信託された」ものであるということです。

国内的または国際的な平和構築の基礎となる基本的人権につき考察する中で、基本的人権思想が本当に私たちの身についているか、私たち日本国民の血となり、肉となっているかをしばしば考えさせられました。都合の良いときには人権を持ちだし、利用するという自己主張実現だけの人権意識になっていないか、省みつつ考えさせられてきました。

実は、私には一つの忘れられない見聞があります。かつてワシントンの合衆国最高裁判所を見学したときのことです。独立記念日の翌々日だったこともあってか、そこには親子連れがかなり見学に来ていました。そして、最高裁判所が違憲立法審査権を有することを確立した時のジョン・マーシャル最高裁長官[78]の立像の前やグレート・ディッセンター（偉大な少数意見者）と呼ばれたO・W・ホームズ判事[79]の等身大の全身肖像画の前で、親たちが子どもにその説明をしていました。アメリカの人権確立のために大きな働きをした人たちなのだという話をしていたのです。これがアメリカのすべてというのではないでしょうが、しかし、この見聞の衝撃は大きいものでした。日本でこのようなことがあるだろうか。子どもの小さいときから親子連れで裁判所見学に行き、人権の貴さを語り合い、裁判所の働きにまで及ぶ。そのようなことがあるだろうか。人権が国民の血肉になるように、改めて根本から考えてみなければならない、と痛感したのでした。

（2）日本国憲法第一〇章「最高法規」の冒頭の第九七条につき、もう一度その根本にあるものについて考察することに致します。それは、こう規定しています。

　この憲法が日本国民に保障する基本的人権は、人類の多年にわたる自由獲得の努力の成果であつて、これらの権利は、過去幾多の試錬に堪へ、現在及び将来の国民に対し、侵すことのできない永久の権利として信託されたものである。

前に述べた不可侵性、永久性はここに明示されています。第一〇章は憲法が最高法規であることを規定する章であり、この第九七条は基本的人権の特質を明示することによって、その基本的人権を定めている憲法の最高法規性の実質的根拠を示している、と見ることができることも、前に述べました。

　しかし、ここで注目し、より深く考察すべきことは、本条の末尾に「信託された」とあることです。これは前述の固有性にかかわるものと解されますが、その固有性をなぜ「信託された」という表現で表そうとしたのか。それはどういう意味か。しかも、受動態で書かれていて、その信託の主体が示されていないのは、なぜか。これが問題です。

　この「信託」の主体は過去の国民ではないでしょう。継承関係を示すのなら、過去の国民ということもありますが、ここは「信託」の論理により固有性を語るものであって、過去から現在への継承関係を示すものではありません。第一、過去の国民は、基本的人権はもとより信託による固有性というその憲法原理も知らないままに去っていったのですから、過去の国民が信託したとの説明は通用しません。では、信託の主体は誰か。

（3）この問題は、基本的人権に関する歴史をさかのぼって他のものと引き合わせてみると、だんだんはっきりしてきます。まず、前にも触れましたが、アメリカ合衆国独立宣言です。そこでは、「我々は次の真理を自明のものと認める。あらゆる人間は平等に造られていること、彼らは、Creator によって、一定の譲るべからざる権利を授けられていること」と宣言しています。つまり、信託の主体が表示されており、それは〝Creator〟（創造主）となっています。信教の自由を考慮してキリスト教の〝God〟（神）は用いていないが、創造主の観念は彼らの社会では生きており、Creator（創造主）という表現は普遍的なので、この主語を用いることができたのです。しかし、八百万《やおよろず》の神とは言うが、一般に創造主を知らない日本社会を考慮して、日本国憲法の起草者は、創造主という主語を用いることを避けました。その上の苦肉の策が、受動態により「信託された」の表現になったのでしょう。しかし、この結果、信託の主体が曖昧になってしまっています。

私たちは、このことをさかのぼってよく考えなければなりません。そうでなければ、基本的人権の固有性の意味と根源を曖昧なままにしておくことになりましょう。

（4）実は、「信託」というのは英米法から出た法概念です。近代市民社会の法はヨーロッパに始まり、フランス・ドイツを中心とする大陸法系と英米法系との二つの流れに分けられます。信託はその英米法の世界で形成された契約概念です。英語ではtrustと言います。わが国でも民法の領域に「信託」という制度があり、信託法という法律もあります。

信託とは、ここにAとBがいるとして、Aが自分の権利そのものをBに全部移転し、Bがその権利を全面的に使用することができることにするが、しかし、Bはその権利をAの利益になるようにだけ使用することが許される、という合意をすることです。例えば、Aから一定の財産の権利の移転を受けたBは、自分の判断でその財産権を投資に利用したりして利益を上げてよいが、その利益は全部Aに帰属させせなければならないという関係が、それです。もちろん営業としては、これに対してBはAから契約で定めた一定の報酬を受けることになります。これに対して、Bに権利全部を与えたのでは、Bが勝手にその財産を費消する危険もあるので、その財産について一定の制限された権利を与えるという方法も考えられますが、それに比して信託というのは、いわば必要以上の権利を与えるのです。それは、Bがその能力を十分に発揮して、Aのために最もよくその財産を管理したり、増やしたりすることが自由にできるようにすること、つまりBを信頼してBに託して、Bの能力を最大限に発揮させ、その結果、Aのためになるという制度です。

このことを人権に当てはめてみると、どうでしょうか。

人権は個人の尊厳に基づくのだから、その人の全面的に自由な行使が許されなければならないものでしょうか。人は自分の人権を自分でどのようにでもできると言ってよいのでしょうか。この問題に対して、「信託」というのは、そうではないというのです。人権は個々人をこの世に存在あらしめた超越的存在者より信託されたもので、その信託した方のためになるように、信託した方の意志に適うように用いるべきもので、その限りで許され、その限りで国家権力にも優位する基本的権利である、というのです。

基本的人権に関するわが国の憲法の規定に、このような意味が含まれているのだとすれば、それはどこから来たのか。その歴史を顧みることに関心が向いていくでしょう。

（5）人権は歴史的に生成されたものです。イエリネック（美濃部達吉訳）『人権宣言論外三篇』（日本評論社）によれば、近代人権宣言の源泉は宗教改革によって準備され、ピューリタンや非国教徒などの信仰及び良心の自由への要求を経て、アメリカ独立諸州の人権宣言に明文化されたのに始まり、歴史の中で形成されてきました。なお、このイエリネックの所説は、フランスの人権宣言が基本的人権の元祖ではないことを論証したものであり、この点は論争されています。ともあれ、このようにして、人権が緻密にかつ広範囲に展開されるにつれて、人権の固有性とその源泉及び意味を明確にする必要はますます大きくなっています。

そしてその明確化は、人権が「信託されたもの」であることを正面から取り上げ、かつそれを人間と絶対的超越者との関係において受け止めようとするのでなければ、なし得ないものではないでしょうか。

私たちの人生は偶然の産物ではありません。創造主である永遠絶対の超越者が私たち個々人とその人生の上に、そしてすべての造られたものの上に立っていて、その創造の主が私たちにこの地上の生を与えてくださり、それにより私たちの人生がここにあります。人間とは、無限の空虚な空間の中に若干の知性を持って立つ動物的生命を持つ存在にすぎないものではないはずです。人間としての自己の存在はその人にとって偶然のことではなく、全く何の意味もないものではありません。自分の存在をかけがえなき意義あらしめる絶対的超越者との関係において、各人は生きる意味を見出しているはずです。それとの関係というところまで掘り下げて考えようとするのでなければ、この信託の意味は分かりません。それは、人権の基礎である人間の尊厳性は、絶対的超越者との関係においてでなければ、その根源を明確にできないものだからです。

そこで、そのことを考えることに致しましょう。それは多くの場合、宗教的超越的存在との関係ということになりましょう。

11．平和の基礎としての人権とキリスト教信仰との関係

（1）創造主である永遠絶対の超越者との関係において基本的人権を受け止めるというとき、人それぞれに異なりましょうが、私にとってそれはキリストの神との関係でありますす。そこで、ここからはそのことにつき書かせていただきます。それは自分にはかかわりないと思われる方々にも、それぞれに必ず聞くべきものがあると信じますので、続けてお読みいただき、またそれぞれに掘り下げてお考えいただきたいと願っています。

私は、東北の貧しい山村の小作農の家に生まれました。一九三三年、ドイツではナチスが政権を掌握し、合衆国ではF・ルーズヴェルトが大統領に当選した年です。父の生家は自作農でしたが、当時の家督相続制度の下では次男の父が相続できた田畑はわずかで、水田は小作でした。当時の小作人は収穫米の半分を地主に納めなければなりませんから、まさに貧困家庭でした。そこで、次兄は志願兵として海軍に入隊し、海軍の水中測的の学校を経て、機雷敷設艦に乗船して太平洋戦争を迎えたのです。開戦半年後、彼の乗艦は深夜、敵の魚雷を受けて大破しました。その時、参謀など艦の上層部の者たちは近くにいた友艦にすぐ乗り移りましたが、天皇の軍艦を沈めてはならないということ

で、海水の浸入を抑止するため甲板のハッチを全部閉めてしまったのです。水中測的の部署は艦底に近いところにありましたから、兄は閉じ込められてしまいました（他に水兵三〇名ほど）。その軍艦は近くの島へと曳航《えいこう》されるのですが、結局浸水のため沈没し、兄は艦と共にソロモン諸島沖の海中に眠っています（詳細は沖島会『噫、栄光の敷設艦沖島　思い出の記』清文社、一九八三年）。兄の戦死の報を受けた父母が抱き合って泣いた光景は、私の中に焼き付いています。村で最初の戦死者であったこともあり、「名誉の戦死」とされる中で、父は自分の無力が息子を死なせたのだと一人深く自分を責めた末に……。その夏の早朝、子どもたちは母に起こされ、朝露に下半身を濡らしながら父を捜しました。父は一命を取り留めましたが、そのような体験をしつつ少年期を過ごした私は、次第に人生の意義や朽ちることなき希望のことを考えるようになり、高校一年の二月、聖書にひかれ、教会の礼拝に出席するようになりました。

そして二〇歳のクリスマスに、聖書が語る主なる御神の「汝らは価をもて買はれたる者なり、然らばその身をもて神の栄光を顕せ」[80]との御言葉に従って、洗礼を受けました。この聖書の御言葉は、あなたたちは、罪――神に背を向けていること、これを擬人化したものが悪魔――の下に捕らえられていたが、神の子、主イエス・キリストの十字架という貴い代価を払って神のみもとに贖《あがな》い取られ、神の慈愛に包まれているのですから、あなたの心身と生活を捧《ささ》げて、神の栄光を顕《あらわ》す生き方をしなさい、と語っているのです。主なる御神は、そのようにしてすべてに勝る御恩寵《おんちょう》をもって私を主キリストの道へと招き入れてくださいました。こうして、主キリストに従いゆき、その神の栄光のために生きようとすることが人間としての私の基本となりました。

私に許されている基本的人権は、私の人生がそうであるように、この主より信託されたものであり、この主の御心《みこころ》に適うように保持し、神の栄光を顕すために、隣人のために正しく行使するべきものなのです。それが平和を創り出すことに資するということは、何と幸いでありましょう。

(2) そこで、人権とキリスト教信仰との関係について述べなければなりませんが、そしてそのことについては、多くの研究や著作がありますが、それを論じ切ることは、私の力を越えることです。ここでは、人権理解を深め、人権の働きをさらに発展させるためには、キリスト教信仰及びその神学が重要な意義を有することを指摘するにとどめざるを得ません。ただ、私にとって学ぶところ大きく、かつ考えを深める刺激となったW・フーバー及びH・E・テートの共著(河島幸夫訳)『人権の思想――法学的・哲学的・神学的考察』(新教出版社、一九八〇年)から、その一部を紹介しつつ、私の所見を若干述べることに致します。

本書は、人権の基本的構成要素として、自由権、平等権及び参加権の三つを挙げています。そして、自由権は、人格が他者の恣意《しい》的な処理の対象になり得ないという性質に対応し、平等権は、人間が尊厳性を有するゆえに平等であることに基づき、参加権は、人間の相互依存性、運命の共有性、人間の共同責任性を正しく受け止めることに対応すると述べています。このうち参加権というのは聞き馴れない概念と思いますが、これは憲法などの実定法上の特定の権利の種類として挙げられているのではありません。本書のいう基本的構成要素というのは、諸種の権利がいろいろの構成要素の組み合わせにより成り立つものであるとの考えによって、それらの基本的要素として考えられたもので、参加権もそのような意味のものです。本書は、人間が社会の連帯的共同体関係の中で生きていかなければならないということを正しく受け止めるには、この参加権という考え方が必要であると言っているのです。

そして、キリスト教信仰の基本的内容の中に、人権のこのような三つの基本的構成要素に対応するものがあると述べ、それを自由権、平等権または参加権について一つ一つ説明して、キリスト教信仰がそれぞれの基本的人権を支え、強め、さらにそれを一人一人の血肉とするのに重要な働きをするのであり、それにより人権の思想は一層徹底化されると述べています。

例えば、自由権についてはこう述べています。「人間の自由が恣意的な処理に服しえないという性質は、何らの前提条件なしに神の恵みが」イエス・キリストにおいて「与えられるという事実の中に基礎づけられている。したがって自由とは、自己自身から出発する《自由な自由》ではない。もし人間が直接の恣意的な自律と自己実現とをへて自由と救いに到達しようと試みる場合には、彼は……律法と罪と死との奴隷になってしまうであろう。これとは逆に、神の恵みに基づく自由は、《自由にされた自由》として人間に帰属する」と。[81] まさにその自由は、聖書が語るように、「自由を得させるために、キリストはわたしたちを解放して下さったのである。だから、堅く立って、二度と奴隷のくびきにつながれてはならない[82]」と説かれる自由なのです。この「奴隷」とは前述の「罪」に縛られている状態を指しています。「《自由にされた自由》とは、……愛の奉仕に向かいうる自由なのである。この世の力に服する奴隷状態からの解放は、他者の福祉に仕えるための〔神からの〕全権委任、自由と責任、これらすべてを一体にしたものを意味する[83]」。「神からの」は翻訳者の挿入ですが、「神からの全権委任」は先に私が「信託」という概念を強調したことに通じるものです。

（3）本書の要旨は、著者たちによればこうです。「聖書の宗教は、……人間の尊厳にたいする洞察の出発点を、人間が神の似姿であること、人間が神から特別の仕方で呼びかけられ、人間仲間と被造物仲間とへの配慮のために協力するよう定められていることに、置いています。人権は、このような人間の尊厳を顧慮して定式化され、定められ、実現されるのです[84]」。

付言すれば、個人の尊厳・人間の尊厳についての聖書のよりどころは、人間が神の似姿として創造されたという聖書の教えです。「神は言われた。『我々にかたどり、我々に似せて、人を造ろう。そして海の魚、空の鳥、家畜、地の獣、地を這うものすべてを支配させよう。』神は御自分にかたどって人を創造された。神にかたどって創造された[85]」。神は、神の意志に従い、それに応えてすべての被造物を管理するのにふさわしい人間を欲したもう。この神の意志により、人間は他の人間仲間に対し、またそれとともに未来の世代と全被造物に対する責任の前に立たされているのです。

さらに、私たちは神の意志に従って自らを管理する責任の前に立たされていることも含まれているというべきでしょう。一般に、道徳教育では、人に迷惑をかけるなということが基本になっていて、これを一番大切なこととして教えます。すると、自分の好きなようにしているだけで、他人に迷惑をかけているのではないから、よいではないかと言って、自分の人間性をないがしろにするような行動を取る人がいます。これもまた、創造の神に対する人間の責任という観点から見ると、明らかに誤っています。

大事なことは、神の創造の意志から離れ、それを無視する人間の罪の問題であり、その解決であります。他者の存在を否定する殺人や搾取そして戦争はもとより、自然破壊や環境破壊はまことに大きな問題です。しかし、もっと重大な根本問題は、それらの根底にある人間の罪――神からの離反――の問題です。その罪が、イエス・キリストの十字架の死をいわば代価とする贖いにより赦され、神との関係を回復され、その恩寵に動かされ、悔い改めて神の前にへりくだるとき、被造物の管理の責任を託された務めに応える人間に立ち返ります。このような人間理解から、人間の尊厳が根拠づけられるのです。

(4) このようなことを受けて考えるとき、「信託された人権」とは、「与えられた人権」よりも一層的確に、神の意志に背く罪からキリストの贖いにより赦したもうた神の恵みとそれによる人間の自由を踏まえて人権を認識する、そのような理解に合致します。すなわち、神は、御子キリストによって罪より解放し、自由な者としたもうた人間を信頼して、社会関係の形成につき、また被造物の管理につき人間に人権を託してくださったのです。人間は、神が許して与えたもうた自由の中で、この人権を神の意志に適うように保持し、行使する責任を負っているのです。

こうして人権の「信託」は、人権を与えられた者が人権を正しく行使し保持する責任を負うことの根拠であります。憲法第一二条の「この憲法が国民に保障する自由及び権利は、国民の不断の努力によつて、これを保持しなければならない。又、国民は、これを濫用してはならないのであつて、常に公共の福祉のためにこれを利用する責任を負ふ」との規定の根底にも、この人権信託の認識があると言えましょう。また、このようにして、人権を神の意志に適うように守り抜くという責任を神に対する応答として受け止める者こそ、主体的個人と言うのだと理解すべきでありましょう。

その上で、自由な愛の人間関係を形成すべきことが、それに繋がって出てきます。聖書においては、「この自由を、肉に罪を犯させる機会とせずに、愛によって互いに仕えなさい」[86]と諭され、進んで愛をもって互いに仕え合い、新しい共同体を生み出すように、と勧告されているのです。それに応える歩みでありたいものと願います。

聖書中のパウロの書簡と言われるものの最後に、フィレモンへの手紙という短い手紙が載っています。使徒パウロの信仰上の弟子であるフィレモンのもとから脱走した奴隷のオネシモが、パウロのもとで信仰に入りました。パウロはそのオネシモをフィレモンのところに帰すことにして、フィレモンに対して、オネシモを受け入れてほしいと書いて送ったのが、この手紙です。キリストの福音によってオネシモが新しい人間として誕生したことは、それと同時にパウロとオネシモとフィレモンの三者間に、奴隷という人間の尊厳性を否定する関係ではなくて、自由にして対等の愛と信頼による新しい人格的関係、すなわち新しい社会関係が創造されたことを意味しています。この手紙は、そのことを実証しています。この新しい人格的社会関係の創造こそ、欲望と利害打算と権力の渦巻く古代ローマ社会の中で、新しい人格的社会関係を広げることによって、キリスト教会が迫害に抗して成長していったことの最大の要因でありましょう。

このことは今日も同じであって、危機の時代においてこそ、人権を正しく踏まえた新しい人格的人間関係の創造を、またそのような主体的個人の確立・育成を、神は求められ、社会は期待しているのだと思います。二一世紀は、このような主体的変革を抜きにしては、社会の改革発展はあり得ないこと、そして、平和への道を切り開くことはあり得ないことが明瞭になった世紀ではないでしょうか。

考えてみると、二〇世紀は、科学技術という財産を自分のものにして旅立った人類が、いわゆる「放蕩《ほうとう》息子」[87]の悲惨の中にあることが判然とした世紀であったと言い得るのではないでしょうか。科学技術が発達し続けるにもかかわらず、そのことにより、かえって地球環境の破壊、貧富の格差の拡大、地域間の紛争や隣国同士の戦争による大量虐殺、そして核兵器の脅威等々が生じてきたことを見るとき、人間の尊厳と隣人愛とに立ち相互信頼をもって協力して、科学技術を善用することが、人類の間に依然として不毛であることに心が寒くなります。財産を自分の欲望のために蕩尽して、かえって悲惨の極みに堕《お》ちた放蕩息子の悲惨そのものです。その悲惨は、単純なヒューマニズムではどうにもならない状態にあることを私たちに突き付けています。科学技術を与えたもう主権者なる神の御前に謙虚であることなしには、ヒューマニズムも人類愛も根無し草で、無力なのです。

12．平和の福音と平和への意志

「平和を願って、これを追い求めよ」[88]との聖書の言葉は、まさに天の御神のご命令です。さらに掘り下げて考えることにします。

平和は守るものというより追い求めるもの、追い求めて部分的にでも創り出し、積み上げていくものです。しかも、平和的手段によってです。その創り出す過程も平和的でなければなりません。平和的手段によってこそ平和を創り出せるとの信念、そのような平和への確かな希望と堅い意志こそ大切なのであり、そのような希望と意志の下に結集する者たちの徹底した話し合い・討論の中から平和は生み出されていくと信じています。

私は、昭和二四（一九四九）年頃、できたばかりの新制の高校で、全校挙げての討論会にクラスの代表として出場したことがありますが、その時の一つのテーマに「国連は平和を維持できるか」というのがあり、抽選の結果、このテーマが当たり、しかも「維持できる」を主張する立場になったことがあります。当時国連の安全保障理事会の会議は既に大国の拒否権行使などによりしばしば行き詰まっていましたので、クラス代表三人で、討論での攻撃防御の戦略に苦慮したことを記憶しています。そして、できるかできないかの現実的見通しのレベルの議論ではなく、平和は平和的に創り出すべきものであり、それには今のところ国連の機構がベターであり、それを改善しつつ平和を追求すべきであるとの論理をもって対抗したことを、懐かしく思い起こします。そして今でも、あれで良かったのだ、と思っています。

要するに話し合いです。徹底して話し合うことです。皆様、ご記憶のことと思いますが、毎年、八月六日の広島の平和祈念式典において、子どもの代表が平和への願いと決意を語りますが、その根底に共通するものは、話し合いにより平和をとの堅い信念であり、呼びかけです。

ここで、私たちは目を天に向けなければなりません。「平和を」との真の呼びかけは、主なる御神の呼びかけから来るということに心を素直に向けることにしましょう。

主なる御神からの平和への呼びかけを、古代イスラエルの預言者イザヤは、「終わりの日に」と語り出して、こう書き記しました。

主は国々の争いを裁き、多くの民を戒められる。
彼らは剣《つるぎ》を打ち直して鋤《すき》とし
槍《やり》を打ち直して鎌とする。

国は国に向かって剣を上げず
もはや戦うことを学ばない。
ヤコブの家よ、主の光の中を歩もう。[89]

イザヤという大預言者が古代イスラエルにおいて活躍したのは、強大な軍事力を有するアッシリアが周囲の国々を征服して、大国アッシリアの軍事力による平和、すなわち「アッシリアの平和」が確立されつつあった時代です。イザヤはここで、「終わりの日」の平和を説いています。「終わりの日」とは、神が人間のすべての不義と欲望とに打ち勝つ勝利が見えるものとなる日のことです。その日を望み見て、つまり神の勝利を確信して、現在の閉塞状況を超える力を得る。神を信じるとき、神の勝利による平和がはっきりと見えてくる。そのような終わりの日です。

この「平和」は、人間の力による平和ではなくて、神の支配による平和です。軍事力による平和ではありません。経済力による平和でもありません。そうではなくて、世界を創り、世界をその御手のうちに治めたもう神による平和です。神の御教えと御言葉が広く聞かれ、その神が世界を裁き、新しい秩序を建てられることによる「神の平和」です。人間の力に信頼することによる平和は、人間の力を過信する者たちによって破壊されます。あるいは、しょせん、自分たちのグループのためだけの平和にすぎません。大東亜共栄圏がそれでした。イスラエルだけの平和ではなく、アラブだけの平和ではありません。

本物の平和は、神の前に悔い改めて、神の意志に従うことによる平和です。「彼らは剣を打ち直して鋤とし／槍を打ち直して鎌とする。……もはや戦うことを学ばない」とあります。この「打ち直し」は、私たち一人一人の精神の打ち直しです。心を神の意志に従うことに向けるという意味での悔い改めです。そして、平和の神の意志をその良心において受け止めるとき、平和への意志が確立します。このような平和への意志のあるところにのみ、平和があるのです。このような平和への意志を欠いたところでは、どんなにすばらしく見える国際組織を作り、手段を講じても、平和を維持することができません。

神による平和への意志は、平和を与えたもう神を信頼して、神に希望をもつところに、絶えることなく湧き出てきます。

今日の私たちもまた、「平和の主の光の中を」、と呼びかけられています。これに応え、平和への意志を堅くして立とうとする人について、主イエスは、「平和をつくり出す人たちは、さいわいである、／彼らは神の子と呼ばれるであろう」[90]と語られました。ここには、平和を創り出し、維持せよとの命令はありません。ここにあるのは、「さいわいである」との神の祝福であり、慰めと励ましです。その背後には、神の揺るぎなき平和への意志があります。平和への意志を私たちは堅く保持すべきものですが、それを支え可能にするのは、神と人間の間に平和を回復し、それに基づき人と人との間に平和を創ろうとの神のご意志です。主イエス・キリストはこの神のご意志の実現のために、神の子としてこの世に来られました。

主イエスはその十字架の上で、ご自分を十字架につけた人々について、「父よ、彼らをお赦しください。自分が何をしているのか知らないのです」[91]と、とりなしの祈りを捧げられ、また、同じく十字架につけられた者の悔い改めに対して、「あなたは今日わたしと一緒に楽園にいる」[92]と慰められました。この主イエスは、神の御力によって死から復活させられ、それにより神の子であることが明らかにされました。[93]

この御子イエス・キリストの十字架と復活により、私たちの根底にある神への罪は、神の前に打ち砕かれ、贖われ、赦され、そして私たち互いの間に平和の基が創られているのです。聖書は語ります。「あなたがたは、以前は遠く離れていたが、今や、キリスト・イエスにおいて、キリストの血によって近い者となったのです。実に、キリストはわたしたちの平和であります。二つのものを一つにし、御自分の肉において敵意という隔ての壁を取り壊し、……こうしてキリストは、双方を御自分において一人の新しい人に造り上げて平和を実現し、十字架を通して、両者を一つの体として神と和解させ、十字架によって敵意を滅ぼされました[94]」と。

私たちの目には見えないが、私たちは既に「平和の主の光の中にいる」ということです。この平和の福音が決定的に肝心なことなのです。

先に掲げた「平和を願って、これを追い求めよ」との呼びかけは、この主の招きなのです。そして、これはまた、現代の人類に対する神の戒めの呼びかけではないでしょうか。ただそこで、私たちが最も用心しなければならないことは、悪魔のささやきがあるということであり、それに対して極めて弱いということです。「先手を打たれないうちに備えをせよ。いつでも集団的自衛権をもって反撃できるようにしておけ」などとのささやきがあるのです。大国ほど、また権力者こそ、かのヘロデ大王のようにこのささやきに弱いのです。そして不安は高まり、主の光から遠いところに落ち込んでしまうのです。それゆえ、主は教えられました。「わたしたちを誘惑に遭わせず、悪い者から救ってください」と祈れ、と。[95] いわゆる主の祈りの第六の祈りです。

聖書は絶えず諭しています。「キリストの平和があなたがたの心を支配するようにしなさい[96]」と。心定めてその教えを聞きつつ、イザヤにならって祈ります。「主よ、平和

をわたしたちにお授けください。わたしたちのすべての業を／成し遂げてくださるのは
あなたです。わたしたちの神なる主よ／あなた以外の支配者が我らを支配しています。
しかしわたしたちは／あなたの御名だけを唱えます[97]」と。

13. よきサマリア人の譬えから学ぶ

長く綴ってきた私の平和論も、結びへと向かいつつあります。私は平和の基盤と目的として基本的人権を挙げ、その人権の根底には個々人の人間としての尊厳性があるとの見地に立って、それを基に平和を追い求め、築き上げていく姿勢について述べてきました。世に問う平和論としては、ここで終わることで良いと考えていますが、ただ、人間は本当に「尊厳」に価する存在なのか。いや人間の心と生の根底にあるものは、醜く脆《もろ》く、とても尊厳などと言えないものなのではないか。それがまた卓上ではよく考えられた力ある平和論と思われるものでも、現実には建設的にして指導的な力を発揮できず、議論は精密になったようで、実際には順次棚上げになってしまっていくことの真因ではないか。人間の心と生の根本的歪みや弱さこそが、もう一つ重要な問題ではないのか。そこにおいて、私は、聖書の教えに到達し、それに立って考えさせられることになるのです。

そこで、さらに前向きに実践的に考えるに当たり、「よきサマリア人の譬《たと》え」[98]を取り上げることに致します。

主イエスの語ったこの譬えは、聖書を読んだことのない人でも聞き知っていることの多い有名なものでしょう。これは、ある律法の専門家が、永遠の生命を受け継ぐには何をすべきかとイエスに問い、律法に何と書いてあるかと問い返されて、「あなたは心を尽くし、魂を尽くし、力を尽くして、あなたの神、主を愛しなさい[99]」と、「自分自身を愛するように隣人を愛しなさい[100]」との二つであると答えると、イエスから「正しい答えだ。それを実行しなさい」と言われる。それに対して「では、わたしの隣人とはだれですか」と問い返した。この問い返しに人間の弱さ・脆さが隠れています。これに対して、主イエスが語られたのが「よきサマリア人の譬え」です。

「ある人がエルサレムからエリコへ下って行く途中、追いはぎに襲われた。追いはぎはその人の服をはぎ取り、殴りつけ、半殺しにしたまま立ち去った。ある祭司がたまたまその道を下って来たが、その人を見ると、道の向こう側を通って行った。同じように、レビ人もその場所にやって来たが、その人を見ると、道の向こう側を通って行った。ところが、旅をしていたあるサマリア人は、そばに来ると、その人を見て憐れに思い、近寄って傷に油とぶどう酒を注ぎ、包帯をして、自分のろばに乗せ、宿屋に連れて行って介抱した。そして、翌日になると、デナリオン銀貨二枚を取り出し、宿屋の主人に渡して言った。『この人を介抱してください。費用がもっとかかったら、帰りがけに払います。』さて、あなたはこの三人の中で、だれが追いはぎに襲われた人の隣人になったと思うか。」律法の専門家は言った。「その人を助けた人です。」そこで、イエスは言われた。「行って、あなたも同じようにしなさい。」[101]

サマリアとは、ユダヤとガリラヤの間の地方で、もともとイスラエルの一地域でしたが、紀元前八世紀、アッシリアに征服されてその一部とされ、しかも徹底した人種混交政策の下に置かれて宗教的にもユダヤとは異なるものとなってしまい、ユダヤ人はサマリア人と交際していないというより、むしろ敵対関係とも言えるものになっていました。そのサマリア人がこのユダヤ人被害者を助け、その隣人になったというのです。道の向こう側を通り過ぎた祭司は「道を下って来た」といいますから、エルサレムの神殿に仕えた帰りでしょう。レビ人も同じ。彼らはわざと道の向こう側を通ったのです。律法の専門家が隣人とは誰かと問い返した時、律法の解釈として、ユダヤ人のうちの誰かを期待してのことだったでしょう。しかし、主イエスの言われたことは、全く異なり、敵対し、むしろ蔑視していたサマリア人が助けたというのです。いわば「敵を愛せよ」との教えにも通じるものでした。

隣人をユダヤ人との間でしか考えていなかった律法の専門家でも、「誰が隣人になったか」と問われて、「その人を助けた人です」と答えざるを得ませんでした。

隣人愛とは、「隣人とは誰か」と自分の判断で――つまり自分の価値観で――選別した上で愛する愛ではありません。苦難を負っている人に出会ったとき、その人が敵国人であっても、その人の隣人になって、自分のことのように受け止めて、可能な限りの助けをするそのような愛なのです。そこではまた、どのようなことをしてあげたかの量ではなく、いかに熱い憐れみを覚えたかの深さこそ肝心なのでしょう。サマリア人はその人を見て「憐れに思い」とありますが、これは、主イエスが大勢の群衆の飼い主のない羊のようなありさまを見て「深く憐れみ」、ゲネサレ湖畔で五つのパンと二匹の魚で群衆と共に奇跡的な会食をされた時[102]のその「深く憐れみ」と同じく、「はらわた」という名詞の動詞化された文字が用いられています。岩波版『新約聖書』（新約聖書翻訳委員会訳、岩波書店、二〇〇四年）では「腸《はらわた》のちぎれる想いに駆られ」と翻訳されています。

重荷を負う人に接した時、自分が同じ重荷を負ったと同様に受け止め、できる限りを尽くして助けるそのような愛なのでしょう。自分にとって隣人かどうかは問題ではないのです。しかし、私たちはいつの間にか隣人かどうかを重視しています。はっきり言えば、敵か味方かを重視する。そして、無意識のうちに自分にとって利益か不利益かを計算している。日常的にこのように生きている以上、本論の課題である平和の問題は自分に無縁の問題で、時折考えてみる程度のことに終わります。かなり考えるとしても、平和などを論じていても、敵はそんなことを考えていないのではないか。いつ敵の先手攻撃により危険が身近に及ぶか分からないなどの声にかき消されてしまうことが多いのではないでしょうか。

隣人愛は、自分が生きている、いや生かされているこの人生の基盤、すなわちこの人生を与えたもうた神の愛に包まれ、守られていることを覚えるときに、生命あるものになるのです。そして、平和への意志も、この神の愛に包まれていることに平安を覚え、それに感謝することなしには、生命あり、力あるものにはならないのだ、と考えます。それゆえに、人間の罪とその救いの問題を正面から受け止め、謙虚に祈りつつ、その地平から平和の問題につき追求することが肝心なのだと考えています。

神は私たちを愛し、神の愛の業に参加するようにと召し、そのためにこの人生を私たちに信託なさいました。私たちの人生は、神に赦され、神から信託された人生です。神の愛に応えて、等しく赦されている隣人の人間としての尊厳性を尊重しつつ、希望をもって愛の業に奉仕すること、それが、平和を目指す基なのです。

14. 結びとして――神の赦しと人間の尊厳

私たちが平和の問題につき考えようとするとき、当然ながら日本国憲法前文の平和主義を踏まえるべきこと、また堅固な平和論の構築のためには、憲法前文に宣言されている平和的生存権を中心とする基本的人権の正しい認識が必須であることにつき、いろいろの角度から論じました。そして基本的人権の根底には人間の尊厳性の尊重があることを強調しましたが、しかし、人間の尊厳とは無前提に認められることでしょうか。

私は、その底の底まで考察を深めておきたいと考えて、ここまで来ました。そして、今、人間の尊厳は無前提のものではない。人間の尊厳は神との関係において明確にされていなければならない、と迫ってくるものがあります。肝心なのは、キリストの愛に打たれて、神の御前にただひれ伏す悔い改めの魂であり、真の良心です。

改めて、自分自身の心の姿を見てみましょう。差し当たり、私のことを話してみたいと思います。私の父は幼児期の眼病により、隻眼でした。そして、障害者差別に苦しみました。それはその子にも及びました。ところが他方、私には、太平洋戦争中の五年生の時、近所に疎開してきた一人の友ができましたが、その子は朝鮮から来た人の子で、周囲の大人たちはそのことをあれこれ言うようになり、私は結局、その子と遊ばなくなり、彼は独りぼっちになってしまいました。私は今でも、このことに心の痛みを覚えます。私は、障害者差別に苦しみ悩んだにもかかわらず、民族差別に加担していたのです。それは、私が子どもであったとはいえ、いや子どもであったからこそ、大人社会の差別意識をそのまま無自覚に反映して、このような苦い経験をしたのですが、このことは、差別撤廃とか人権保障とかを叫んでも、それだけで果たして本当の人間の尊厳の尊重を生み出せるのかという問題なのです。

申し上げたいことは、こうです。人間の尊厳といっても、その人間は自分ではどうにもできない罪の下にある、と。

社会関係を律する規範は人権に究極の基礎を置くのであり、その人権を根底から支えるものは、「人間の尊厳の尊重」ですが、しかし、その人間は神に対する罪の下にあります。そして、その罪の解決、その悲惨からの解放は、ただイエス・キリストによる神の赦しによるほかないのです。このことを見過ごしたままに人間の尊厳を主張しても、人間の罪のゆえに、それは結局、人間の尊大の歪みに堕ちる危険をはらんでいるのです。個人主義というだけでは、個を個として主張するだけです。このような個人主義は、容易に個人の自己主張・自己愛・自己欲望の実現へと進んでいきます。二〇世紀は営利中心であり、そして財貨のマモン本位[103]の進歩・発展の中でこのことを露呈し、科学技術の高度化によりこれを増幅した世紀でした。

それゆえにまた、「神」と「赦し」に近代的自我は抵抗を覚えるでしょうが、その自我を越えて、新しい生への飛躍はどうすれば可能かを考えなければ、人類はどうにもならないところに来ているのではないでしょうか。

聖書のみがそれに対して答え、語り続けています。

肝心なことは、人間の尊厳の聖書的根拠の問題であります。人間の尊厳の根拠を聖書に求めるとき、一般には、それは神の創造において人間が神の似姿として創られたことにあると言われています。確かに、人間はそのように造られました。[104]しかし、人間は罪に堕ちて、神に従い、神から委ねられたすべての造られたものを神の意志に適うように支配し管理することができなくなりました。それにもかかわらず、人間はこのことを認めず、神を無視して人間の可能性を追求する中で、人間の尊厳の尊重を人間の尊大の主張に変えてしまっていることが、しばしばなのです。それは、神へと駆け登る傲慢《ごうまん》と言ってもよいものです。バベルの塔の故事はそれを鋭く示しています。[105]

本当は、すべての人間は神の赦しを受けることなしには、立つことができないのです。この神の赦しはすべての人に与えられています。主イエス・キリストによって、その十字架と復活によって、いかなる人も神の赦しの下にあります。「12．平和の福音と平和への意志」で述べたように、いかに罪深い者でも、神はこれを赦し、いかに小さな者でも、神はこれを受け入れてくださる。神が赦し受け入れてくださることによって、人間は等しくかけがえなきものとして存在を許されています。すべての人間の尊厳性の根拠はここにあります。人間の尊厳を否定し、差別することは、このような意味で、神への反逆と捉えられるべきものなのです。

こうして、イエス・キリストの福音を聞いて、罪赦されて神に受け入れられた者が隣人愛と奉仕に立ち上がるところから、人間の真の尊厳が光を発するのです。平和への道が見えてくるのです。

スウェーデンのノーベル賞作家であるラーゲルレーヴ[106]に『沼の家の娘[107]』という作品があります。その冒頭の裁判の場面が、ここで強く思い起こされます。

ヘルガという年若い貧しい女性が、今は自分を捨てたある男に対して、その男との間にできた子どもの養育費を生活苦からやむなく請求する訴訟を起こしますが、その男は彼女と関係がなかったと主張します。当時、この国の法によれば、このような場合、男性が女性と関係を持ったことを否認し、それについて神の前に宣誓すれば、その否認は認められることになっていました。ヘルガの相手は、あえて宣誓して責任を免れようとします。裁判は宣誓の場面になり、彼の前に聖書が運ばれ、聖書に手を置いて裁判官が告げる宣誓文を口に出して、宣誓が始まろうとしたとき、ヘルガは飛び出していってその聖書を奪い取り、「あの人は誓ってはいけません」と叫びます。法廷は騒然となり、裁判官はヘルガに、「原告はどうしても訴訟に勝ちたいのか」と迫ります。するとヘルガは、「わたくしは告訴をとり消したいとおもいます。あの人は子供の父親でございます。でも、わたくしはまだあの人を愛しております。あのひとに偽りの誓いをたてさせたくはございません」[108]と答えるのです。神の審《さば》きこそ恐るべきことと信じ、すべての人を赦したもう神の愛に従って、自分を裏切った男の恐るべき宣誓違反の罪を止めようとし、そのためには自分の不利益もあえて受けようとするヘルガ。法廷は大きな感動に包まれたのでした。

この男は、個人の意思尊重の上にあぐらをかいて、平然と宣誓をしようとしたのです。それは、人間の内面の良心を唯一見ておられる主なる御神を無視する不遜な態度以外の何ものでもありません。このような訴訟法に欠陥があるのだと批判することはたやすいことです。しかし、肝心なことは、法の究極の基礎としての人権の尊重・個人の尊厳の尊重は、ただそれだけでは本来不安定な無力なものであることを自覚していなければならないということです。

ヘルガが、個人の尊厳を自己の利益確保の手段としてだけ理解していたならば、このような態度には出なかったでしょう。しかし、彼女は、神による罪の赦しこそ、人間にとって何ものにもまして大事なことと受け止めていました。ですから、悔い改める者をすべて赦したもう神の前で、相手の男が永遠に赦されないところに堕ちることを見逃すことはできなかったのです。神の怒りを招いてはなりません、赦されている人なのですから、というのが、彼女の内面からの叫びであったのです。

神の愛を信じる真実の愛。それはこのような愛であります。平和を追い求めるとき、またそれゆえに基本的人権のことを考えるとき、ここまで掘り下げて問題を受け止めたいと願い、記しました。

【注】

1 聖書「ルカによる福音書」二章一〇節。

2 聖書「ルカによる福音書」二章一四節。

3 聖書「マタイによる福音書」二章一六節参照。

4 カント（宇都宮芳明訳）『永遠平和のために』（岩波文庫、一九八五年）一三頁。

5 ディドロ、ダランベール編（桑原武夫訳編）『百科全書　序論および代表項目』（岩波文庫、一九七一年）二三八頁。この「平和」の項目は原著では無署名だが、ダミラヴィル［Étienne Noël Damilaville, 一七二三—一七六八］（ヴォルテールの友人であり文通相手）が執筆したものと推定されている。

6 中川佐和子［一九五四—］は、この歌で一九八九年度朝日歌壇賞を受賞。『海に向く椅子』（角川書店、一九九三年、九六頁）所収。大岡信「折々のうた」（朝日新聞二〇〇五年二月五日付朝刊）に掲載され、同『新折々のうた8』（岩波新書、二〇〇五年、二頁）に採録。

7 外務省が二〇一六年三月に著したパンフレットのタイトルは『日本の安全保障政策　積極的平和主義』であり、同書四頁に、「日本は、平和国家としての歩みを堅持しつつ、国際社会の主要プレーヤーとして、米国を始めとする関係国と緊密に連携しながら、『積極的平和主義』を実践していきます」とある。このパンフレットは現在も外務省のウェブサイトに掲載されている（https://www.mofa.go.jp/mofaj/p_pd/dpr/page1w_000072.html. 二〇二四年七月二三日閲覧）。一方、ノルウェーの社会学者ガルトゥングは、「安倍晋三首相は当初、その米国追従政策を『積極的平和主義』というネーミングで推進しようとしていた。『積極的平和』というのは、私が1958年から使い始めた用語である。平和には『消極的平和』（negative peace）と『積極的平和』（positive peace）がある。国家や民族のあいだに、ただ暴力や戦争がないだけの状態を消極的平和、信頼と協調の関係がある状態を積極的平和という。……こうまであからさまな対米追従の姿勢を積極的平和というのは悪意ある言い換え、許しがたい印象操作である」と述べている（ヨハン・ガルトゥング、御立英史訳『日本人のための平和論』ダイヤモンド社、二〇一七年、一九頁）。

8 一九三一年九月一八日の柳条湖事件に端を発する満州事変（後掲注19参照）において、一九三二年九月一五日、日本の「満州国」承認に際して両国間に「日満議定書」が締結された。日満議定書は、その前文の末尾で、「日本国政府及満州国政府ハ日満両国間ノ善隣ノ関係ヲ永遠ニ強固ニシ互ニ其ノ領土権ヲ尊重シ東洋ノ平和ヲ確保センガ為左ノ如ク協定セリ」と述べて、両国共同して国家の防衛に当たるべきことを確認して、日本国軍が満州国内に駐屯することを定めた。翌日付の大阪毎日新聞には、「日本帝国の康寧と東洋永遠の平和を確保」という見出しが躍った（以上につき、傍線は引用者による）。爾後《じご》、「東洋永遠平和のために」という表現が用いられるようになった。

9　一九四〇年七月二六日、第二次近衛文麿内閣によって閣議決定された「基本国策要綱」が、「皇国ヲ核心トシ日満支〔日本・満州・中国〕ノ強固ナル結合ヲ根幹トスル大東亜ノ新秩序ヲ建設スル」ことを国是としたことに由来する（〔〕内は引用者による補足）。「大東亜共栄圏」の範囲は、日本の南進論が高まるにつれ、東南アジア諸国をも含むものへと拡大された。

10　与謝野晶子〔一八七八―一九四二〕は歌人。長詩「君死にたまふことなかれ」（一九〇四年）は、日露戦争従軍中の弟を想う詩。この詩の第三連に、「すめらみことは、戦ひに　おほみづからは出でまさね〔天皇は戦争に自ら出られることはない〕」とある。

11　村山富市〔一九二四―〕。第八一代内閣総理大臣。

12　外務省ウェブサイトに掲載されている、村山内閣総理大臣談話「戦後五〇周年の終戦記念日にあたって」（いわゆる村山談話）（https://www.mofa.go.jp/mofaj/press/danwa/07/dmu_0815.html）参照。

13　Q&A五頁。

14　フランクリン・ルーズヴェルト［Franklin Delano Roosevelt, 一八八二―一九四五］。アメリカ合衆国第三二代大統領（在任一九三三―一九四五）。

15　サー・ウィンストン・チャーチル［Sir Winston Leonard Spencer Churchill, 一八七四―一九六五］。第二次世界大戦開戦とともに海軍大臣となり、一九四〇年、首相に就任。一九四五年、総選挙に敗れ辞職したが、一九五一～一九五五年、再び首相。

16　本書巻末【資料】の「大西洋憲章」の第六条参照。

17　ワイマール憲法（一九一九年）第一五一条第一項「経済生活の秩序は、すべての者に人間たるに値する生活を保障する目的をもつ正義の原則に適合しなければならない。この限界内で、個人の経済的自由は、確保されなければならない」（高木八尺・末延三次・宮沢俊義編『人権宣言集』岩波文庫、一九五七年、二一二頁、山田晟訳）。

18　本書巻末【資料】参照。

19　一九三一年九月一八日に、日本の陸軍部隊である関東軍が、奉天（現瀋陽）郊外の柳条湖で南満州鉄道（満鉄）の線路を爆破して、これを中国軍の行為であるとし、自衛のためと称して武力を行使し、満州全域を占領した。一九三二年三月、傀儡国家「満州国」が樹立され、一九三三年五月三一日の塘沽《タンクー》協定で日中両国の停戦が成立した。柳条湖事件から塘沽協定までの武力衝突は満州事変と呼ばれる。

【注】

20　一九三七年七月七日に、現在の北京郊外の盧溝橋で演習中の日本軍と中国軍との間に生じた武力衝突（盧溝橋事件）を機に、近衛文麿内閣は、中国華北への派兵を決定した。当初、この武力衝突は北支事変と呼ばれたが、戦線は中国全土に拡大し、北支事変は支那事変と呼称が変わった。現在では、一般に、日中戦争と呼ばれる。

21　貴族院帝国憲法改正案特別委員会（一九四六年九月一三日）で、金森徳次郎国務大臣は、この文言は、「不戦条約の趣旨を明かにするやうな規定」だと述べている（審議録四〇一頁）。不戦条約（戦争放棄ニ関スル条約）第一条には、この趣旨の文言がある（本書巻末【資料】参照）。

22　例えば、金森徳次郎国務大臣は、貴族院帝国憲法改正案特別委員会（一九四六年九月一三日）で、第一項には「防衛的戦争」は含まれないと解釈できるとし、第二項は、物的にも人的にも武力を持ってはならぬということと、法律上交戦権を認めないという二段構えで、戦争類似行動がいかなる種類のものであるとを問わず、一切の場合における手段を封鎖していると説明している（審議録四二七頁参照）。

23　芦田均［一八八七―一九五九］。日本国憲法制定の審議時の、衆議院帝国憲法改正案委員会委員長、幣原内閣の厚生大臣。その後、外務大臣を経て内閣総理大臣（一九四八年）。

24　衆議院帝国憲法改正案委員会（一九四六年八月二一日）で、委員長の芦田均は、第九条第二項に「『前項の目的を達するため、』なる文字を挿入したのは戦争放棄、軍備撤退（ママ）を決意するに至つた動機が専ら人類の和協、世界平和の念願に出発する趣旨を明らかにせんとしたのであります」と説明した（審議録二〇一頁）。

25 一九五二年になって、芦田は、「もし自衛のため戦いに必要な戦力を日本は保持するという意味のことをはつきり第二項に入れれば、この修正案は到底提出することは許されない。だから、……『前項の目的を達するため』というのだから、侵略戦争をするための陸海空軍その他の戦力は保持しないという意味に取れる文句であれば、他日これを生かす機会があろうかということで、かような修正案を出したわけである。……現行法のままでも、自衛戦力をもつことは憲法に違反しないのだということを言つているわけである。以上は私個人の意見である」と述べている（芦田均「第九条修正の経緯と理由」審議録六二三〜六二四頁）。同年一〇月、保安隊が発足し、これは一九五四年七月に陸上自衛隊に改組された。

26 本書巻末【資料】参照。

27 サッダーム・フセイン［Saddam Husayn, 一九三七—二〇〇六］。イラク共和国第二代大統領（在任一九七九—二〇〇三）。

28 本書巻末【資料】参照。

29 松本烝治［一八七七—一九五四］。商法学者。東京帝国大学法学部教授、南満州鉄道理

【注】

事・同副社長、法制局長官、貴族院議員、関西大学学長、商工大臣等を歴任。一九四五年、幣原内閣の国務大臣。

30 連合国の一一カ国（アメリカ、中国、イギリス、ソ連、オーストラリア、カナダ、フランス、オランダ、ニュージーランド、インド、フィリピン）の代表で構成され日本を管理占領するための最高政策決定機関。一九四五年一二月に発足。

31 ダグラス・マッカーサー［Douglas MacArthur, 一八八〇―一九六四］。アメリカ合衆国の軍人。太平洋戦争では、フィリピン駐留アメリカ極東軍司令官、南西太平洋軍最高司令官として対日戦争を指揮。戦後、連合国軍最高司令官として日本を統治した。

32 コートニー・ホイットニー［Courtney Whitney, 一八九七―一九六九］。弁護士、アメリカ陸軍軍人。太平洋戦争中はマッカーサーの参謀、戦後はGHQ民政局長となり、マッカーサーに側近として仕えた。

33 古関新憲法一五五～一五九頁、古関日本国憲法一五〇～一五四頁。

34 古関新憲法一一一頁、古関日本国憲法一〇一～一〇二頁。

35 鈴木安蔵［一九〇四―一九八三］。一九二六年、京都帝国大学在学中に日本学生社会科学連合会事件（京都学連事件）で逮捕され、服役。吉野作造の勧めで日本の憲法制定史研究に着手し、憲法史研究会を設立。戦後、憲法研究会を組織し、一九四五年一二月、「憲法草案要綱」を公表。静岡大学、愛知大学、立正大学の教授を歴任。

36 幣原喜重郎[一八七二―一九五一]。戦前には外務大臣として欧米との協調外交を展開。一九四五年一〇月、内閣総理大臣に就任。

37 吉田茂[一八七八―一九六七]。戦前、外務次官、駐英大使等を歴任し、太平洋戦争末期には和平工作を企てた。一九四六年、内閣総理大臣となり日本国憲法制定に関与。一九四八年、再び内閣総理大臣に就任し、一九五一年、自由主義諸国と対日講和条約を締結し、日米安全保障条約を締結した。

38 審議録五八一頁。

39 審議録三頁。

40 審議録二頁。

41 審議録三頁。

42 入江俊郎[一九〇一―一九七二]。一九四六年三月、法制局長官となり日本国憲法の立案責任者となった。その後、衆議院法制局長を経て、一九五二～一九七一年、最高裁判所判事。

43 審議録六頁。

44 岸信介[一八九六―一九八七]。満州国実業部次長、商工次官等を経て、一九四一年、

【注】

45　東條英機内閣の商工大臣。敗戦後、A級戦犯容疑で逮捕されたが、一九四八年、釈放。一九五七〜一九六〇年、内閣総理大臣。日米安全保障条約の改定を強行。
46　古関新憲法一六六頁、古関日本国憲法一六一頁。
47　古関新憲法一六一〜一六二頁、古関日本国憲法一五七頁。
48　原タイトルは、〝ON THE BEACH〟。監督・スタンリー・クレイマー、主演・グレゴリー・ペック、エヴァ・ガードナーで一九五九年公開。原作はネヴィル・シュートによる一九五七年刊行の小説（邦訳として、ネヴィル・シュート、佐藤龍雄訳『渚にて　人類最後の日』創元SF文庫、二〇〇九年）。
49　原作の小説にはこの科学者の言葉はなく、脚注47の映画の該当箇所の科学者の台詞（英語）を筆者が訳したものである。
50　ブライエン・マクマホン［Brien McMahon, 一九〇三―一九五二］。民主党上院議員。アメリカ原子力委員会の設立、原子力法の制定に寄与。上下両院合同原子力委員会委員長を務め、核兵器開発の文民統制を唱えた。
51　マッカーサーのこと。
52　核戦争のこと。
　　審議録五八〇〜五八一頁（〔〕内は引用者による補足。以下同）。

53　幣原喜重郎「軍備全廃の決意」審議録一～四頁。ただし、原文の仮名の表記法を一部修正した。

54　ジョン・フィッツジェラルド・ケネディ［John Fitzgerald Kennedy, 一九一七―一九六三］。アメリカ合衆国第三五代大統領（在任一九六一―一九六三）。一九六二年、キューバ危機でミサイル撤去に成功。一九六三年、部分的核実験禁止条約を締結、同年、暗殺された。

55　日本政府は、二〇一六年一〇月二八日の国連総会第一委員会で、核兵器禁止条約の採択に向けた決議案に反対した（朝日新聞二〇一六年一〇月二九日付朝刊記事参照）。その後採択された核兵器禁止条約にも参加していない。

56　中国新聞二〇一六年一一月二五日付朝刊記事。

57　令和二（二〇二〇）年八月六日「広島市原爆死没者慰霊式並びに平和祈念式あいさつ」(https://www.kantei.go.jp/jp/98_abe/statement/2020/0806hiroshima.html)、同八月九日「長崎原爆犠牲者慰霊平和祈念式典あいさつ」(https://www.kantei.go.jp/jp/98_abe/statement/2020/0809nagasaki.html)（〔〕内は引用者による）。朝日新聞二〇二〇年八月一〇日付朝刊記事参照。

58　二〇二二年八月九日、長崎市の平和祈念式典に出席した際の記者会見で、岸田首相は、核兵器禁止条約について、「核兵器国が一カ国も参加していない中で、理想にどれだけ近づけることができるか、唯一の戦争被爆国として考えていかなければならない」と述べるにとどまった（毎日新聞二〇二二年八月一〇日付朝刊記事）。なお、朝日新聞二〇二二年八月三日付朝刊記事参照。

59　朝日新聞二〇二〇年八月六日付夕刊記事（〔〕内は引用者による）。

60　前掲令和二（二〇二〇）年八月六日「広島市原爆死没者慰霊式並びに平和祈念式あいさつ」。

61　聖書「ヤコブの手紙」四章一〜二節。

62　さとうますみ『プラスチック紀』（短歌研究社、二〇〇四年、一二〇頁）所収。大岡信「折々のうた」（朝日新聞二〇〇五年一月二七日付朝刊）に掲載され、同『新折々のうた 8』（岩波新書、二〇〇五年、一八二頁）に採録。

63　Q&A三頁。

64　Q&A一三頁。

65　Q&A三七頁。

66　Q&A三七頁。

67　Q&A三七頁。

【注】

68　Q&A一三頁。

69　Q&A三七頁。

70　一八八一（明治一四）年頃に千葉卓三郎ら、多摩地方の平民の民権家によって起草された私擬憲法草案。全二〇四条のうち基本的人権規定が約一五〇条もあり、基本的人権尊重の点では日本国憲法に近似していると言われる。一九六八年、東京都西多摩郡五日市町（現あきる野市）の深沢家土蔵の中から発見された。

71　福澤諭吉［一八三四―一九〇一］。明治初期の啓蒙思想家。慶應義塾の創立者。

72　Q&A三七頁。

73　加藤弘之［一八三六―一九一六］。一八七七年、東京大学綜理となる。『人権新説』（一八八二年）において天賦人権説を進化論の立場から批判。元老院議官、貴族院議員、枢密顧問官、帝国学士院長等を歴任。

74　美濃部達吉［一八七三―一九四八］。憲法学者、行政法学者。一九〇二〜一九三四年、東京帝国大学教授。一九三五年、議会で天皇機関説が攻撃され、不敬罪で告訴され、著書の一部が発禁処分となり、貴族院議員を辞職。

75　蓑田胸喜［一八九四―一九四六］。東京帝国大学卒業後、慶應義塾大学予科教授を経て国士舘専門学校（現・国士舘大学）教授。一九二五年、原理日本社を設立し、左翼系学者

や自由主義的学者を攻撃した。敗戦後、自殺。

76　一九三三年、瀧川幸辰教授は、その著書に現れた刑法に関する思想がマルクス主義的思想を含むとして、文部省（文部大臣は鳩山一郎）から罷免要求を受け、最終的に休職処分となり、辞職した。これにより京都帝国大学法学部の全教官が辞表を提出するという京大事件に発展した。

77　ゲオルク・イエリネック［Georg Jellinek, 一八五一―一九一一］。ドイツの国法学者。『一般国家学』（一九〇〇年）で国家法人説を唱え、前述の天皇機関説に影響を与えた。ハイデルベルク大学教授、同副総長を歴任。

78　ジョン・マーシャル［John Marshall, 一七五五―一八三五］。アメリカ合衆国国務長官（在任一八〇〇―一八〇一）、同最高裁判所長官（在任一八〇一―一八三五）を歴任。マーベリ対マディソン事件判決（一八〇三年）で最高裁判所が違憲立法審査権を持つことを確立。

79　オリヴァー・ウェンデル・ホームズ・ジュニア［Oliver Wendell Holmes Jr., 一八四一―一九三五］。ハーヴァード大学教授、マサチューセッツ州最高裁判所裁判官を経て、アメリカ合衆国最高裁判所裁判官（在任一九〇二―一九三二）。最高裁判決における彼の少数意見は、後に多数意見となったり、立法に生かされたりしたものが少なくない。一九二九年に、クエーカー教徒で平和主義者であるとして戦争の際にも武器を取らないと証言したため帰化申請を認められなかった者の訴訟で、「憲法の中に、何ものにもまして尊重すべき一原則があるとすれば、それは思想の自由の原則である。しかしそれはわれわれの思想と一致する思想の自由ではなくて、われわれがそれを憎悪している思想に対して与える自由である」として帰化を認めるべきだとの少数意見を述べた（桜田勝義「アメリカ名法曹物語8　オリバー・ウェンデル・ホームズ――偉大な少数意見者」法学セミナー二二七号、一九七四年、六三頁による）。

80　聖書「コリント前書（コリントの信徒への手紙一）」六章二〇節（『（文語訳）旧新約聖書』による）。

81　W・フーバー／H・E・テート（河島幸夫訳）『人権の思想――法学的・哲学的・神学的考察』（新教出版社、一九八〇年）二〇三頁。

82　聖書「ガラテヤ人への手紙（ガラテヤの信徒への手紙）」五章一節（『（口語訳）聖書』による）。

83　フーバー／テート前掲書、二〇四頁。

84　フーバー／テート前掲書、四頁。

85　聖書「創世記」一章二六〜二七節。

86　聖書「ガラテヤの信徒への手紙」五章一三節。

87　聖書「ルカによる福音書」一五章一一節以下参照。

【注】

88 聖書「ペトロの手紙一」三章一一節。
89 聖書「イザヤ書」二章四節。
90 聖書「マタイによる福音書」五章九節（『（口語訳）聖書』による）。
91 聖書「ルカによる福音書」二三章三四節。
92 聖書「ルカによる福音書」二三章四三節。
93 聖書「ローマの信徒への手紙」一章四節参照。
94 聖書「エフェソの信徒への手紙」二章一三〜一六節。
95 聖書「マタイによる福音書」六章一三節。
96 聖書「コロサイの信徒への手紙」三章一五節。
97 聖書「イザヤ書」二六章一二〜一三節。
98 聖書「ルカによる福音書」一〇章二五〜三七節。
99 聖書「申命記」六章五節。
100 聖書「レビ記」一九章一八節。
101 聖書「ルカによる福音書」一〇章三〇〜三七節。
102 聖書「マタイによる福音書」一四章一三〜二一節、「マルコによる福音書」六章三〇〜四四節、「ルカによる福音書」九章一〇〜一七節、「ヨハネによる福音書」六章一〜一四節。

103　Mammon. マンモンとも表記され、富を意味するアラム語に由来する。イエス・キリストの「あなたがたは、神と富とに仕えることはできない」（聖書「マタイによる福音書」六章二四節、「ルカによる福音書」一六章一三節）という言葉の「富」がこれに当たり、富は人に対して悪魔的支配力を及ぼすものとみなされている。

104　聖書「創世記」一章二七節参照。

105　聖書「創世記」一一章一〜九節参照。

106　セルマ・ラーゲルレーヴ [Selma Ottilia Lovisa Lagerlöf, 一八五八—一九四〇]。スウェーデンの作家。主著、『ニルスのふしぎな旅』、『エルサレム』。一九〇九年、女性として最初のノーベル文学賞を受賞。

107　ラーゲルレーフ（石丸静雄訳）『沼の家の娘　他三篇』（角川文庫、一九五一年）。

108　ラーゲルレーフ前掲書、一二〜一三頁（ただし、現代仮名遣いに直した）。

【資料】

日本国憲法（抜粋）

〔前文〕

日本国民は、正当に選挙された国会における代表者を通じて行動し、われらとわれらの子孫のために、諸国民との協和による成果と、わが国全土にわたつて自由のもたらす恵沢を確保し、政府の行為によつて再び戦争の惨禍が起ることのないやうにすることを決意し、ここに主権が国民に存することを宣言し、この憲法を確定する。そもそも国政は、国民の厳粛な信託によるものであつて、その権威は国民に由来し、その権力は国民の代表者がこれを行使し、その福利は国民がこれを享受する。これは人類普遍の原理であり、この憲法は、かかる原理に基くものである。われらは、これに反する一切の憲法、法令及び詔勅を排除する。

日本国民は、恒久の平和を念願し、人間相互の関係を支配する崇高な理想を深く自覚するのであつて、平和を愛する諸国民の公正と信義に信頼して、われらの安全と生存を保持しようと決意した。われらは、平和を維持し、専制と隷従、圧迫と偏狭を地上から永遠に除去しようと努めてゐる国際社会において、名誉ある地位を占めたいと思ふ。われらは、全世界の国民が、ひとしく恐怖と欠乏から免かれ、平和のうちに生存する権利を有することを確認する。

われらは、いづれの国家も、自国のことのみに専念して他国を無視してはならないのであつて、政治道徳の法則は、普遍的なものであり、この法則に従ふことは、自国の主権を維持し、他国と対等関係に立たうとする各国の責務であると信ずる。

日本国民は、国家の名誉にかけ、全力をあげてこの崇高な理想と目的を達成することを誓ふ。

第一章　天皇

第一条　天皇は、日本国の象徴であり日本国民統合の象徴であつて、この地位は、主権の存する日本国民の総意に基く。

第二章　戦争の放棄

第九条　日本国民は、正義と秩序を基調とする国際平和を誠実に希求し、国権の発動たる戦争と、武力による威嚇又は武力の行使は、国際紛争を解決する手段としては、永久にこれを放棄する。
② 前項の目的を達するため、陸海空軍その他の戦力は、これを保持しない。国の交戦権は、これを認めない。

第三章 国民の権利及び義務

第一〇条 日本国民たる要件は、法律でこれを定める。
第一一条 国民は、すべての基本的人権の享有を妨げられない。この憲法が国民に保障する基本的人権は、侵すことのできない永久の権利として、現在及び将来の国民に与へられる。
第一二条 この憲法が国民に保障する自由及び権利は、国民の不断の努力によつて、これを保持しなければならない。又、国民は、これを濫用してはならないのであつて、常に公共の福祉のためにこれを利用する責任を負ふ。
第一三条 すべて国民は、個人として尊重される。生命、自由及び幸福追求に対する国民の権利については、公共の福祉に反しない限り、立法その他の国政の上で、最大の尊重を必要とする。
第一四条 すべて国民は、法の下に平等であつて、人種、信条、性別、社会的身分又は門地により、政治的、経済的又は社会的関係において、差別されない。
② 華族その他の貴族の制度は、これを認めない。
③ 栄誉、勲章その他の栄典の授与は、いかなる特権も伴はない。栄典の授与は、現にこれを有し、又は将来これを受ける者の一代に限り、その効力を有する。

第一〇章　最高法規

第九七条　この憲法が日本国民に保障する基本的人権は、人類の多年にわたる自由獲得の努力の成果であつて、これらの権利は、過去幾多の試錬に堪へ、現在及び将来の国民に対し、侵すことのできない永久の権利として信託されたものである。
第九八条　この憲法は、国の最高法規であつて、その条規に反する法律、命令、詔勅及び国務に関するその他の行為の全部又は一部は、その効力を有しない。
② 日本国が締結した条約及び確立された国際法規は、これを誠実に遵守することを必要とする。
第九九条　天皇又は摂政及び国務大臣、国会議員、裁判官その他の公務員は、この憲法を尊重し擁護する義務を負ふ。

【資料】

教育基本法（前文）

〔一九四七（昭和二二）年制定時の前文〕

われらは、さきに、日本国憲法を確定し、民主的で文化的な国家を建設して、世界の平和と人類の福祉に貢献しようとする決意を示した。この理想の実現は、根本において教育の力にまつべきものである。

われらは、個人の尊厳を重んじ、真理と平和を希求する人間の育成を期するとともに、普遍的にしてしかも個性ゆたかな文化の創造をめざす教育を普及徹底しなければならない。

ここに、日本国憲法の精神に則り、教育の目的を明示して、新しい日本の教育の基本を確立するため、この法律を制定する。

〔二〇〇六（平成一八）年の新教育基本法の前文〕

我々日本国民は、たゆまぬ努力によって築いてきた民主的で文化的な国家を更に発展させるとともに、世界の平和と人類の福祉の向上に貢献することを願うものである。

我々は、この理想を実現するため、個人の尊厳を重んじ、真理と正義を希求し、公共の精神を尊び、豊かな人間性と創造性を備えた人間の育成を期するとともに、伝統を継承し、新しい文化の創造を目指す教育を推進する。

ここに、我々は、日本国憲法の精神にのっとり、我が国の未来を切り拓《ひら》く教育の基本を確立し、その振興を図るため、この法律を制定する。

戦争放棄ニ関スル条約（パリ不戦条約、ケロッグ＝ブリアン条約）（一九二八年）

独逸国大統領、亜米利加合衆国大統領、白耳義国皇帝陛下、仏蘭西共和国大統領、「グレート、ブリテン」「アイルランド」及「グレート、ブリテン」海外領土皇帝印度皇帝陛下、伊太利国皇帝陛下、日本国皇帝陛下、波蘭共和国大統領、「チェッコスロヴァキア」共和国大統領ハ

人類ノ福祉ヲ増進スベキ其ノ厳粛ナル責務ヲ深ク感銘シ

其ノ人民間ニ現存スル平和及友好ノ関係ヲ永久ナラシメンガ為国家ノ政策ノ手段トシテノ戦争ヲ率直ニ放棄スベキ時機ノ到来セルコトヲ確信シ

其ノ相互関係ニ於ケル一切ノ変更ハ平和的手段ニ依リテノミ之ヲ求ムベク又平和的ニシテ秩序アル手続ノ結果タルベキコト及今後戦争ニ訴ヘテ国家ノ利益ヲ増進セントスル署名国ハ本条約ノ供与スル利益ヲ拒否セラルベキモノナルコトヲ確信シ

其ノ範例ニ促サレ世界ノ他ノ一切ノ国ガ此ノ人道的努力ニ参加シ且本条約ノ実施後速ニ

之ニ加入スルコトニ依リテ其ノ人民ヲシテ本条約ノ規定スル恩沢ニ浴セシメ以テ国家ノ政策ノ手段トシテノ戦争ノ共同放棄ニ世界ノ文明諸国ヲ結合センコトヲ希望シ

茲ニ条約ヲ締結スルコトニ決シ之ガ為左ノ如ク其ノ全権委員ヲ任命セリ

（全権委員名略）

因テ各全権委員ハ互ニ其ノ全権委任状ヲ示シ之ガ良好妥当ナルヲ認メタル後左ノ諸条ヲ協定セリ

第一条　締約国ハ国際紛争解決ノ為戦争ニ訴フルコトヲ非トシ且其ノ相互関係ニ於テ国家ノ政策ノ手段トシテノ戦争ヲ放棄スルコトヲ其ノ各自ノ人民ノ名ニ於テ厳粛ニ宣言ス

第二条　締約国ハ相互間ニ起ルコトアルベキ一切ノ紛争又ハ紛議ハ其ノ性質又ハ起因ノ如何ヲ問ハズ平和的手段ニ依ルノ外之ガ処理又ハ解決ヲ求メザルコトヲ約ス

第三条　本条約ハ前文ニ掲ゲラルル締約国ニ依リ其ノ各自ノ憲法上ノ要件ニ従ヒ批准セラルベク且各国ノ批准書ガ総テ「ワシントン」ニ於テ寄託セラレタル後直ニ締約国間ニ実施セラルベシ

本条約ハ前項ニ定ムル所ニ依リ実施セラレタルトキハ世界ノ他ノ一切ノ国ノ加入ノ為必要ナル間開キ置カルベシ一国ノ加入ヲ証スル各文書ハ「ワシントン」ニ於テ寄託セ

ラルベク本条約ハ右寄託ノ時ヨリ直ニ該加入国ト本条約ノ他ノ当事国トノ間ニ実施セラルベシ

亜米利加合衆国政府ハ前文ニ掲ゲラルル各国政府及爾後本条約ニ加入スル各国政府ニ対シ本条約及一切ノ批准書又ハ加入書ノ認証謄本ヲ交付スルノ義務ヲ有ス亜米利加合衆国政府ハ各批准書又ハ加入書ガ同国政府ニ寄託アリタルトキハ直ニ右諸国政府ニ電報ヲ以テ通告スルノ義務ヲ有ス

右証拠トシテ各全権委員ハ仏蘭西語及英吉利語ヲ以テ作成セラレ両本文共ニ同等ノ効力ヲ有スル本条約ニ署名調印セリ

千九百二十八年八月二十七日巴里ニ於テ作成ス

（全権委員署名略）

政府宣言書　（昭和四年六月二十七日）

帝国政府ハ千九百二十八年八月二十七日巴里ニ於テ署名セラレタル戦争放棄ニ関スル条約第一条中ノ「其ノ各自ノ人民ノ名ニ於テ」ナル字句ハ帝国憲法ノ条章ヨリ観テ日本国ニ限リ適用ナキモノト了解スルコトヲ宣言ス

（出典：外務省編『日本外交年表竝主要文書』下巻、原書房、一九六六年、一二〇～一二一頁）

大西洋憲章（一九四一年）

（一九四一年八月十四日大西洋上ニテ署名）

アメリカ合衆国大統領及ビ連合王国ニ於ケル皇帝陛下ノ政府ヲ代表スル「チヤーチル」総理大臣ハ会合ヲ為シタル後両国ガ世界ノ為一層良キ将来ヲ求メントスル其ノ希望ノ基礎ヲ成ス両国国策ノ共通原則ヲ公ニスルヲ以テ正シト思考スルモノナリ

一、両国ハ領土的其ノ他ノ増大ヲ求メズ。

二、両国ハ関係国民ノ自由ニ表明セル希望ト一致セザル領土的変更ノ行ハルルコトヲ欲セズ。

三、両国ハ一切ノ国民ガ其ノ下ニ生活セントスル政体ヲ選択スルノ権利ヲ尊重ス。両国ハ主権及自治ヲ強奪セラレタル者ニ主権及自治ガ返還セラルルコトヲ希望ス。

四、両国ハ其ノ現存義務ヲ適法ニ尊重シ大国タルト小国タルト又戦勝国タルト敗戦国タルトヲ問ハズ一切ノ国ガ其ノ経済的繁栄ニ必要ナル世界ノ通商及原料ノ均等条件ニ於ケル利用ヲ享有スルコトヲ促進スルニ努ムベシ。

五、両国ハ改善セラレタル労働基準、経済的向上及ビ社会的安全ヲ一切ノ国ノ為ニ確保スル為、右一切ノ国ノ間ニ経済的分野ニ於テ完全ナル協力ヲ生セシメンコトヲ欲ス。

六、「ナチ」ノ暴虐ノ最終的破壊ノ後両国ハ一切ノ国民ニ対シ其ノ国境内ニ於テ安全ニ居住スルノ手段ヲ供与シ、且ツ一切ノ国ノ一切ノ人類ガ恐怖及欠乏ヨリ解放セラレ其ノ生ヲ全ウスルヲ得ルコトヲ確実ナラシムベキ平和ガ確立セラルルコトヲ希望ス。

七、右平和ハ一切ノ人類ヲシテ妨害ヲ受クルコトナク公ノ海洋ヲ航行スルコトヲ得シムベシ。

八、両国ハ世界ノ一切ノ国民ハ実在論的理由ニ依ルト精神的理由ニ依ルトヲ問ハズ強力ノ使用ヲ放棄スルニ至ルコトヲ要スト信ズ。陸、海又ハ空ノ軍備ガ自国国境外ヘノ侵略ノ脅威ヲ与エ又ハ与ウルコトアルベキ国ニ依リ引続キ使用セラルルトキハ将来ノ平和ハ維持セラルルコトヲ得ザルガ故ニ、両国ハ一層広汎ニシテ永久的ナル一般的安全保障制度ノ確立ニ至ル迄ハ斯ル国ノ武装解除ハ不可欠ノモノナリト信ズ。両国ハ又平和ヲ愛好スル国民ノ為ニ圧倒的軍備負担ヲ軽減スベキ他ノ一切ノ実行可能ノ措置ヲ援助シ及助長スベシ。

フランクリン・ディー・ローズヴェルト
ウインストン・チヤーチル

（出典：『日本外交年表竝主要文書』下巻、五四〇頁）

ポツダム宣言（一九四五年）

【資料】

千九百四十五年七月二十六日

米、英、支三国宣言

（千九百四十五年七月二十六日「ポツダム」ニ於テ）

一、吾等合衆国大統領、中華民国政府主席及「グレート・ブリテン」国総理大臣ハ吾等ノ数億ノ国民ヲ代表シ協議ノ上日本国ニ対シ今次ノ戦争ヲ終結スルノ機会ヲ与フルコトニ意見一致セリ

二、合衆国、英帝国及中華民国ノ巨大ナル陸、海、空軍ハ西方ヨリ自国ノ陸軍及空軍ニ依ル数倍ノ増強ヲ受ケ日本国ニ対シ最後的打撃ヲ加フルノ態勢ヲ整ヘタリ右軍事力ハ日本国ガ抵抗ヲ終止スルニ至ル迄同国ニ対シ戦争ヲ遂行スルノ一切ノ連合国ノ決意ニ依リ支持セラレ且鼓舞セラレ居ルモノナリ

三、決起セル世界ノ自由ナル人民ノ力ニ対スル「ドイツ」国ノ無益且無意義ナル抵抗ノ結果ハ日本国国民ニ対スル先例ヲ極メテ明白ニ示スモノナリ現在日本国ニ対シ集結シツツアル力ハ抵抗スル「ナチス」ニ対シ適用セラレタル場合ニ於テ全「ドイツ」国人民ノ土地、産業及生活様式ヲ必然的ニ荒廃ニ帰セシメタル力ニ比シ測リ知レザル程更ニ強大ナルモノナリ吾等ノ決意ニ支持セラルル吾等ノ軍事力ノ最高度ノ使用ハ日本国軍隊ノ不可避且完全ナル壊滅ヲ意味スベク又同様必然的ニ日本国本土ノ完全ナル破壊

ヲ意味スベシ

四、無分別ナル打算ニ依リ日本帝国ヲ滅亡ノ淵ニ陥レタル我儘ナル軍国主義的助言者ニ依リ日本国ガ引続キ統御セラルベキカ又ハ理性ノ経路ヲ日本国ガ履ムベキカヲ日本国ガ決意スベキ時期ハ到来セリ

五、吾等ノ条件ハ左ノ如シ

吾等ハ右条件ヨリ離脱スルコトナカルベシ右ニ代ル条件存在セズ吾等ハ遅延ヲ認ムルヲ得ズ

六、吾等ハ無責任ナル軍国主義ガ世界ヨリ駆逐セラルルニ至ル迄ハ平和、安全及正義ノ新秩序ガ生ジ得ザルコトヲ主張スルモノナルヲ以テ日本国国民ヲ欺瞞シ之ヲシテ世界征服ノ挙ニ出ヅルノ過誤ヲ犯サシメタル者ノ権力及勢力ハ永久ニ除去セラレザルベカラズ

七、右ノ如キ新秩序ガ建設セラレ且日本国ノ戦争遂行能力ガ破砕セラレタルコトノ確証アルニ至ルマデハ連合国ノ指定スベキ日本国領域内ノ諸地点ハ吾等ノ茲ニ指示スル基本的目的ノ達成ヲ確保スルタメ占領セラルベシ

八、「カイロ」宣言ノ条項ハ履行セラルベク又日本国ノ主権ハ本州、北海道、九州及四国並ニ吾等ノ決定スル諸小島ニ局限セラルベシ

九、日本国軍隊ハ完全ニ武装ヲ解除セラレタル後各自ノ家庭ニ復帰シ平和的且生産的ノ生活ヲ営ムノ機会ヲ得シメラルベシ

十、吾等ハ日本人ヲ民族トシテ奴隷化セントシ又ハ国民トシテ滅亡セシメントスルノ意図ヲ有スルモノニ非ザルモ吾等ノ俘虜ヲ虐待セル者ヲ含ム一切ノ戦争犯罪人ニ対シテハ厳重ナル処罰ヲ加ヘラルベシ日本国政府ハ日本国国民ノ間ニ於ケル民主主義的傾向ノ復活強化ニ対スル一切ノ障礙ヲ除去スベシ言論、宗教及思想ノ自由並ニ基本的人権ノ尊重ハ確立セラルベシ

十一、日本国ハ其ノ経済ヲ支持シ且公正ナル実物賠償ノ取立ヲ可能ナラシムルガ如キ産業ヲ維持スルコトヲ許サルベシ但シ日本国ヲシテ戦争ノ為再軍備ヲ為スコトヲ得シムルガ如キ産業ハ此ノ限ニ在ラズ右目的ノ為原料ノ入手（其ノ支配トハ之ヲ区別ス）ヲ許可サルベシ日本国ハ将来世界貿易関係ヘノ参加ヲ許サルベシ

十二、前記諸目的ガ達成セラレ且日本国国民ノ自由ニ表明セル意思ニ従ヒ平和的傾向ヲ有シ且責任アル政府ガ樹立セラルルニ於テハ連合国ノ占領軍ハ直ニ日本国ヨリ撤収セラルベシ

十三、吾等ハ日本国政府ガ直ニ全日本国軍隊ノ無条件降伏ヲ宣言シ且右行動ニ於ケル同政府ノ誠意ニ付適当且充分ナル保障ヲ提供センコトヲ同政府ニ対シ要求ス右以外ノ日

本国ノ選択ハ迅速且完全ナル壊滅アルノミトス

（出典：『日本外交年表竝主要文書』下巻、六二六〜六二七頁）

国際連合憲章（一九四五年発効）

第五一条　この憲章のいかなる規定も、国際連合加盟国に対して武力攻撃が発生した場合には、安全保障理事会が国際の平和及び安全の維持に必要な措置をとるまでの間、個別的又は集団的自衛の固有の権利を害するものではない。この自衛権の行使に当って加盟国がとった措置は、直ちに安全保障理事会に報告しなければならない。また、この措置は、安全保障理事会が国際の平和及び安全の維持又は回復のために必要と認める行動をいつでもとるこの憲章に基く権能及び責任に対しては、いかなる影響も及ぼすものではない。

世界人権宣言（一九四八年採択）

〔前文〕

人類社会のすべての構成員の固有の尊厳と平等で譲ることのできない権利とを承認することは、世界における自由、正義及び平和の基礎であるので、人権の無視及び軽侮が、人類の良心を踏みにじった野蛮行為をもたらし、言論及び信仰の自由が受けられ、恐怖及び欠乏のない世界の到来が、一般の人々の最高の願望として宣言されたので、

人間が専制と圧迫とに対する最後の手段として反逆に訴えることがないようにするためには、法の支配によって人権保護することが肝要であるので、

諸国間の友好関係の発展を促進することが、肝要であるので、

国際連合の諸国民は、国際連合憲章において、基本的人権、人間の尊厳及び価値並びに男女の同権についての信念を再確認し、かつ、一層大きな自由のうちで社会的進歩と生活水準の向上とを促進することを決意したので、

加盟国は、国際連合と協力して、人権及び基本的自由の普遍的な尊重及び遵守の促進を達成することを誓約したので、

これらの権利及び自由に対する共通の理解は、この誓約を完全にするためにもっとも重要であるので、

よって、ここに、国際連合総会は、

社会の各個人及び各機関が、この世界人権宣言を常に念頭に置きながら、加盟国自身の人民の間にも、また、加盟国の管轄下にある地域の人民の間にも、これらの権利と自

由との尊重を指導及び教育によって促進すること並びにそれらの普遍的かつ効果的な承認と遵守とを国内的及び国際的な漸進的措置によって確保することに努力するように、すべての人民とすべての国とが達成すべき共通の基準として、この世界人権宣言を公布する。

〈あとがきに代えて〉

九〇歳になって体に不治の病を抱えることになり、要介護度の高い妻と現在の施設に移るとともに、併行して書いていたもう一つの著作の出版に漕《こ》ぎ着けました。そしてようやく、中断していた本書の執筆に入り、少しずつ進めて、どうにかまとまったかな、いやこれが精一杯というところまで来ましたので、ひとまず結ぶことにしました。読みにくい箇所が多いことと思いますが、朝夕の平和への祈りのままに書き綴ったのだと、ご寛容にお読みいただければ幸甚です。

なお、私が体調を崩したため、注の一部、資料の作成、及び校正は、長男の深谷格がいたしました。ありがたいことです。

最後に、私が心打たれ、息を呑んで見つめた言葉、本論を書き続けながら時折思い起こした言葉を二つ、以下に記します。

一つは、確か、あれは二〇〇七年の夏、沖縄県糸満市の「ひめゆり平和祈念資料館」第四展示室の出口に近いところにありました。生徒たちの遺影と一緒に掲げられていた官立沖縄師範学校の野田貞雄校長の温顔の遺影に、「先生は日頃『生徒を呼び捨てにするな』と教えられました」と書き添えてありました。一人一人の個人としての尊厳性を尊重して生徒に接すべきことを、まさに簡明直截《ちょくせつ》に教える言葉です。すべて軍隊調のあの時代です。上下の秩序や集団的規律を殊更に強調しつつ、上からの指示・号令で引っ張って——それは今日でも見られますが——、敵愾心を煽り立てたあの時代に、このような教育があったのです。個々人の尊厳性を尊重することを自ずと身につけさせる教育こそ、平和への教育の第一歩です。

第二の言葉は、テレビドラマ「大地の子」（原作・山崎豊子『大地の子』）の中の一場面からです。第二次大戦後、中国東北部（旧・満州）で孤児になった陸一心の育ての親のところに日本人の実父が御礼に参上した時、中国人・養父の背後の壁に「志高清遠」と書かれた半紙大の紙が貼ってありました。養父の座右の銘でした。これは、私には、本書執筆中はとりわけ、力ある言葉となりました。日本軍撤退後続く動乱と極貧の中で、日本人孤児を育てようと決意した養父母には、見捨てられた者への憐れみと平和への熱い願いがあったことでしょう。その志は、高く、清く、遠くなのです。この四文字が私を励まし続けました。いや、私たちの平和への志を励まし支え続けることでしょう。とりわけ、「志は遠く」が心に深く強く響いています。

ここまで書いたとき、二〇二四年度のノーベル平和賞が日本原水爆被害者団体協議会

〈あとがきに代えて〉

（被団協）に授与されたというニュースが飛び込んできました。被団協が、核兵器が二度と使われてはならないと何十年も声を上げ、自らの体験を語り続けてきたことが授賞理由になったと伝えられています。被団協のご高齢のメンバーに対して、授賞を決定したノルウェー・ノーベル委員会の委員長は三九歳の若さです。被団協の人々の志は、遠くまで確かに届いています。平和への志を、次の世代の人々が、さらに高く、清く、遠くまで持ち運んでほしいと私は願っています。

お読みいただき、ありがとうございました。

深谷　松男

＜著者紹介＞

深谷松男（ふかや・まつお）

1933年、福島県に出生。1953年、日本基督教団福島伊達教会にて受洗。1956年、東北大学法学部卒業。金沢大学教授（1975～1999年）として民法の研究と教育に従事した後、宮城学院長（1999～2009年）としてキリスト教教育に携わる。日本基督教団金沢教会と同仙台広瀬河畔教会で通算60余年、長老を務める。日本基督教団常議員、東京神学大学常務理事等を歴任。
現在　金沢大学名誉教授、宮城学院名誉理事。

【主著】
『現代家族法〔第4版〕』（青林書院、2001年）、『現代家族法大系（全5巻）』（共編著、有斐閣、1979年）、『脳の死　人の死』（共編著、日常出版、1991年）、『金沢教会百十年史』（日本基督教団金沢教会長老会、1997年）、『信託された教育』（キリスト新聞社、2003年）、『新・教育基本法を考える』（日本キリスト教団出版局、2007年）、『日本基督教団教憲教規釈義』（全国連合長老会出版委員会、2015年）、『福音主義教会法と長老制度』（一麦出版社、2024年）。

装丁：長尾　優

二一世紀の友に贈る平和へのメッセージ

2025年2月25日　第1版第1刷発行

著　者　深谷松男
発行所　株式会社キリスト新聞社出版事業課
〒112-0014 東京都文京区関口1-44-4 宗屋関口ビル7階
電話 03-5579-2432
FAX03-5579-2433
URL. http://www.kirishin.com
E-Mail. support@kirishin.com
印刷所　協友株式会社

ISBN978-4-87395-840-8 C0016（日キ販）　Printed in Japan